À La Lumière De

Sola Scriptura

Prescription Pour Vivre Éternellement

*Un guide essentiel pour identifier
la véritable assemblée chrétienne et
aider tout croyant à s'engager sur
la route de l'éternité.*

Jean Daniel François, M.D.

Du Même Auteur

Les clés de la Réussite Authentique
Prescription for a Successful Life
Prescription for a Successful Career in Medicine
Prescription for an Exciting Love Life
The No Nonsense Approach To A Successful Life

Vous pouvez visiter le site web de l'auteur :
www.successfullife.us,

Et/ou lui écrire à l'adresse électronique :
jfranc6704@gmail.com

Copyright (c) 2010 by Jean Daniel François
Jean Daniel François, M.D.
c/o G.O.A.L, Inc.
1713-19 Ralph Avenue
Brooklyn, NY 11236
Phone : 718-531-6100, Fax 718-531-2329

Les citations bibliques sont de la Sainte Bible, divers auteurs, mais surtout la version courante du Docteur Louis Segond

Imprimé aux Etats Unis d'Amérique
Première Edition
Couverture conçue et préparée par Denise Gibson
ISBN : 978-0-9823142-6-5

Pour ma mère

Pour oncle Garcia

En souvenir de ma marraine et ma tante, dont les dépouilles ont disparu à la suite du tremblement de terre du 12 Janvier 2010.

En souvenir de mon père

Pour ma famille
Pour mes amis
Pour tous ceux qui persévèrent dans la foi.

Remerciements

Plusieurs personnes ont vu ces pages, j'apprécie leurs critiques et conseils. Une fois de plus, je présente un remerciement spécial à Mme Raymonde Jean qui accepte toujours de lire mes idées en vrac, de les restructurer, réviser, augmenter et corriger afin d'en tirer quelque chose de spécial. Je lui en sais bien gré, et bénis le ciel pour son enthousiasme et son désintéressement. Je témoigne aussi mon appréciation envers Lynne Nadia Aimé pour sa diligence et ses conseils, sans oublier l'apport méticuleux de mon beau-frère George Delpèche et le dévouement incomparable de mon fils Jean Daniel François. Je ne peux pas nommément remercier tous ceux qui m'ont aidé. Souffrez toutefois que je vous dise de tout cœur un grand merci.

~ JEAN DANIEL FRANÇOIS

Remerciements

« Je suis concitoyen de toute âme qui pense : la vérité, c'est mon pays »

Alphonse de Lamartine
(translation from French)

Remerciements

Adresse et salutation

Chers amis,

Je vous écris, chers pasteurs, parce que vous avez la garde du troupeau de Dieu.

Je vous écris, chers leaders, parce que votre influence et votre enseignement déterminent en grande partie le sort ultime des croyants.

Je vous écris, chers parents, parce que vous êtes les premiers représentants directs de Dieu auprès des enfants.

Je vous écris, chers éducateurs, parce que vous avez le pouvoir d'orienter les jeunes esprits et de galvaniser leur force.

Je vous écris, chers jeunes, parce que vous avez la clef de la destinée du monde. Si vous n'avez aucune boussole, le monde entier vous suivra dans le précipice.

Je vous écris, chers enfants, car le Maître vous a toujours accordé une place princière dans son ministère.

Je vous écris, chers frères, car vous êtes le gardien du sacerdoce au foyer.

Je vous écris, chères sœurs, car les enfants apprennent sur vos genoux les premières notions de valeur.

Je vous écris tous, parce que, à l'instar de l'apôtre Jean, je vous aime tous et j'aimerais que chacun de vous fasse un choix éclairé concernant son ultime destinée.

Sincèrement vôtre,

Jean Daniel François

Adresse et Salutation

Préface

Le livre que vous avez en main traduit les tendances et la philosophie d'un auteur Chrétien dont la passion consiste à guider ses amis et ses connaissances vers la voie de l'idéal, du beau, de la grandeur, et de la seule réalité de l'existence : Dieu infiniment grand, l'auteur de la science et de la connaissance. Ayant appliqué son cœur et son esprit à chercher Dieu, Docteur Jean Daniel François, dans *Sola Scriptura* rejette la position ambiguë de certains scientifiques et celle des sceptiques qui sont confrontés à l'idée de l'existence ou de la non-existence de Dieu, à partir de leurs recherches, de leurs découvertes, de leurs sentiments, et de leurs expériences. Aussi soutient-il la thèse selon laquelle la révélation progressive que Dieu donne de lui-même commence au livre de la Genèse, depuis Sa création et Ses premières relations avec Adam et Eve, pour s'étendre et s'amplifier à travers toute la Bible. La réponse de l'homme à cette approche divine constitue l'enjeu déterminant qui préoccupe Dr. François. A ce niveau, le titre se révèle très significatif pour la compréhension de la démarche de l'auteur. En publiant son livre sous le titre *Sola Scriptura*, l'expression latine mise en valeur au temps de la Réforme Protestante conduite par Martin Luther, l'auteur n'a pas l'intention d'entamer une controverse théologique semblable à celle du XVIe siècle. Son vif désir consiste à vous introduire tous, lecteurs, à la source de la Vérité qui affranchit, et de la Connaissance qui demeure, au moment où la tradition dans toute son intégralité s'oppose à la Parole inspirée. Depuis le Moyen-Age, passant par le modernisme, jusqu'au post modernisme l'autorité de la Bible a toujours été mise en question. Le moder-

nisme de son côté, étant le produit du siècle des lumières, élimine toute idée relative à l'inspiration des saintes
Ecritures. Les tenants veulent toujours appuyer leurs
décisions sur des faits scientifiquement démontrables et
observables. Même sur le plan religieux, ce mouvement
préconisait également une nouvelle interprétation des
croyances et des doctrines traditionnelles, en accord à
l'exégèse moderne. Même en ce 21e siècle, les attaques
se multiplient encore avec plus d'intensité. Le post
modernisme lui, questionne l'aspect fondamental du
Christianisme : l'existence même de Dieu. Aussi soutient-il la non objectivité de la Vérité. Par conséquent, il
n'est pas nécessaire de la rechercher et de la poursuivre.
Etant un produit de la pensée humaine, elle est relative.
Donc elle exclut Dieu. Dans ce contexte, les milieux
religieux, comme ceux académiques peuvent comprendre Frederick Wilhelm Nietzsche, philosophe allemand,
quand au siècle dernier il prôna la mort de Dieu. Selon
lui, tout ce que le monde possédait de plus sacré, et de
plus puissant en relation à l'immanence divine a disparu dans la culture et la pensée séculières de l'homme
moderne. Jusqu'à présent l'évolution de la pensée n'a pas
changé en faveur de la vérité. Qui délivrera la société
de cette situation lamentable au moment où les hommes continuent à incorporer leurs enseignements à la
religion en l'imprégnant d'erreurs ? Dr. François dans
Sola Scriptura répond à la question, en invitant l'homme
à chercher Dieu à travers la Bible et dans la pratique
d'une religion monothéiste, laquelle identifie le Créateur
comme étant « le Seigneur du ciel et de la terre et Celui
qui a fait le monde et tout ce qui s'y trouve. »

Pour satisfaire la curiosité des chercheurs et étancher
la soif spirituelle des chrétiens, l'auteur recommande

un retour à la Bible. Comme au temps de la Réforme Protestante, aujourd'hui encore, *Sola Scriptura*, c'est -à-dire la Bible *seule*, reste et demeure *la seule autorité, la seule source infaillible* pour la parfaite compréhension de la doctrine chrétienne et de la voie du salut. En dehors d'elle-même, elle n'accepte aucune autre interprétation. Faisant un survol sur l'existence de l'Eglise dans l'Ancien Testament, l'auteur s'arrête sur celle de l'ère chrétienne. Il emploie des arguments bibliques valables pour mettre en lumière les caractéristiques essentielles de cette assemblée modèle, à laquelle tous devraient appartenir, celle qui est érigée non sur l'Apôtre Pierre, mais sur Jésus lui-même, la masse rocheuse et la pierre angulaire. Les membres ne doivent pas abandonner ce corps, puisqu'aucun membre ne peut survivre en dehors de ce dernier, selon l'illustration employée par l'Apôtre Paul pour expliquer le fonctionnement et le dynamisme de l'Eglise. L'union de tout le corps en adoration permet de rencontrer Dieu selon les principes bibliques ; et contribue à la vie, à la croissance et à l'utilité de toute la communauté.

Pasteur, Docteur en Médecine, lucide, perspicace et pénétrant, l'auteur compte à son actif plus de trois décennies d'expériences dans l'administration de l'église. Il est nettement qualifié pour inviter croyants et non-croyants à chercher Dieu à travers sa révélation. Aussi est -il compétent pour traiter de la doctrine de l'ecclésiologie. Ecrit dans un style limpide et entrainant, *Sola Scriptura* aiguisera davantage votre appétit pour la connaissance biblique et la spiritualité. C'est avec plaisir que l'auteur soumet aux communautés ecclésiales et académiques le résultat de ses méditations, réflexions et recherches. Tout en recommandant le livre sans aucune réserve à toutes les communautés francophones, je souhaite ardemment que tous les lecteurs reçoivent de la part du Seigneur des faveurs éclatantes qui leur permettront de croitre chaque jour en grâce et dans la parfaite connaissance de la vérité.

Bonne lecture à tous !

Pasteur Ezéchias Jean, B.Th., M.A.,

Doctorant en Théologie

Introduction

Ce travail a commencé innocemment au début de l'été 2009, quand il me fallut présenter au pied levé un sermon pour suppléer un pasteur de mon église. Je tombai sur le 2e chapitre du livre des Actes des Apôtres. J'en fus fasciné. On dirait que je venais de découvrir un minerai d'or. Pourtant, c'est un passage dont je suis très familier. L'effet ressenti était si fort que je décidai, ce soir-là, de réserver la méditation tirée de ce passage pour une autre occasion. Et aujourd'hui, mon heureuse trouvaille a abouti à la rédaction de cet ouvrage que vous avez en main.

D'aucuns trouveront le titre à la fois osé et complexe. En plein 21e siècle, l'on tend à accorder une importance capitale aux titres pompeux présentés par les experts et les célébrités. Mais si la vérité ne dépendait que des diplômes et des performances académiques, les grands hommes du temps de Jésus ne l'auraient pas crucifié. Le Christ lui-même (*cf.* MATTHIEU 11 : 25) eut à déclarer que les choses divines sont cachées aux sages et aux intelligents, mais sont révélées aux enfants. Le mot enfant ici peut signifier les humbles, ceux que notre monde considère comme des ignorants. On peut passer sa vie à disserter, raisonner, philosopher, spéculer, faire des extrapolations, des inférences, des déductions ; mais rien ne changera la vérité, celle que la majorité rejette, en se trompant, par toutes sortes de raisonnements fondés sur de fausses prémisses. On n'a pas besoin d'être grand clerc pour réaliser que notre monde court à la recherche de la vérité, en alimentant une polémique déchirante qui risque de tout détruire. Pardonnez-moi si je vous dis que la religion – sa définition, son interprétation, et son mysticisme – représente l'œil de ce cyclone qui peut nous engloutir tous. Au milieu de ce tohu-bohu, je me permets de soumettre une approche simple et pratique de la religion. « Ecoutons la fin du discours : Crains Dieu et observe ses commandements. C'est là ce que doit tout homme. » (ECCLÉSIASTE 12 :15).[1]

Depuis la genèse de l'humanité, tout tourne autour du désir constant de poursuivre le bonheur comme le souverain bien. L'homme poursuit l'ombre fugitive de cette béatitude comme le chien chassant sa queue sans jamais l'attraper. Et au crépuscule de sa vie, le voilà penaud et essoufflé, obligé d'admettre qu'il n'a pas eu un meilleur sort que ses ainés. Lui non plus n'a pas découvert cette perle précieuse et unique qui demeure la quête universelle et le principe générateur de l'existence humaine. Épuisé, il se console en énumérant ses accomplissements : ses progrès scientifiques, sa prospérité financière, son dépassement intellectuel, sa popularité, sa longévité, son confort … Hélas, au début de ce nouveau siècle, malgré les découvertes nombreuses dans tous les domaines, le besoin suprême de félicité

---

1 Certains d'entre vous pouvant ne pas être trop familiers de la Bible, permettez-moi d'indiquer qu'il s'agit d'une compilation de 66 livres écrits par des auteurs différents, tous sous l'influence du Saint-Esprit. La Bible comprend deux parties : l'Ancien Testament et le Nouveau Testament. Quand un texte est cité, il est important de le situer d'abord dans l'Ancien ou le Nouveau Testament, et de déterminer quels livres le précèdent ou le succèdent. Par exemple, Jean 3 : 16. Cela signifie le livre de Jean (dans le Nouveau Testament, situé entre Luc et Les Actes des Apôtres), le troisième chapitre et le seizième verset. Pour rendre la tâche plus facile, il convient mieux de se référer à la table des matières de votre Bible, vous verrez où se trouve un livre en particulier.

de l'homme demeure insatisfait. On dirait même que la vie devient encore plus difficile ! Les habitants de la planète sont unanimes à reconnaître que nous vivons une époque inquiétante. Les conflits pullulent, les crises se multiplient. Partout, c'est l'anxiété, l'angoisse, le désespoir ! La panacée reste un mirage.

Désireux de découvrir la vérité, parmi les moyens essayés pour saisir l'insaisissable, d'aucuns embrassent la religion afin de sonder le mystère fondamental de toute vie. Mais là aussi, la diversité des opinions se multiplie. Qu'est ce que la religion ? Y a-t-il une religion supérieure à une autre ? Quel doit être son rôle dans la vie du genre humain ? La religion définit-elle l'homme ? Ou est-ce l'homme qui définit la religion ? A travers l'histoire, celle-ci n'a jamais été exempte de controverses. Au contraire, elle a souvent été au cœur de beaucoup de conflits. C'est l'un des liens les plus forts qui unissent ou divisent les hommes. Selon l'encyclopédie chrétienne mondiale, on compte environ 10 000 religions sur la planète. Le christianisme, le judaïsme et l'islamisme, piliers du monothéisme abrahamique, ne s'entendent pas. Même dans le monde chrétien, les divergences pullulent. Tant de religions dans le monde suscitent du cynisme chez certains ou du scepticisme chez d'autres.

La grande question reste donc et demeure : où trouver le vrai bonheur ? Où trouver la vérité ? Souvent le concept nous intéresse plus que la réalité qu'il implique. Nous cherchons l'absolu, mais avec des idées préconçues. Notre jugement est informé par notre culture et les valeurs que nous avons intériorisées. Nous lisons, voyons, agissons et interprétons tout à travers le prisme de notre compréhension ou de notre formation, lesquelles sont à leur tour colorées par nos émotions, notre petit bagage individuel, lui-même tributaire de ce que nous avons appris, hérité, vu, entendu et compris. L'interprétation de la réalité réclame l'impartialité. La vérité authentique dérange. Elle exige l'intégrité, la loyauté, l'honnêteté et la probité pour l'accepter.

Le siècle dans lequel nous vivons ne s'y prête pas. Souvent, nous oublions que l'homme est devenu la mesure de tout ce qui existe. Tout ce que l'homme touche est marqué par ses faiblesses, son tempérament, ses préjugés, ses croyances, son degré d'intelligence et sa formation intellectuelle, sa culture, ses habitudes, sa situation économique, ses amis, sa race, ses rêves et ses ambitions. Bien souvent l'homme prend position pour des raisons que lui-même ne peut pas s'expliquer. Et quand son subconscient le questionne ou lui révèle le pourquoi de son choix, il s'étonne, parfois même il veut riposter. Nul ne peut cerner le vrai mobile de l'homme, pas même lui-même.

Paradoxalement, cet être vulnérable veut, en dépit de ses lacunes, définir de façon objective la vérité. Une fois qu'il pense l'avoir définie, il est prêt à utiliser tous les moyens pour l'imposer à ses semblables. Voilà pourquoi on trouve des exaltés dans chaque religion. A la lumière de leur interprétation suggestive, beaucoup ont tordu le sens de la Parole inspirée et tiennent ainsi à imposer ‹ leur vérité › aux autres par tous les moyens. Faute de don de persuasion, ils ont recours aux menaces, aux intimidations, inquisitions, coercitions, persécutions et éliminations. Cela étant, vous avez sans doute déjà deviné mon dilemme. Quand j'entreprends d'écrire cet ouvrage, je dois m'assurer d'avoir mis de côté toute idée préconçue, toute appartenance singulière, toute pression, et laisser parler les oracles sacrés : ‹ Sola Scriptura ›. Je m'engage de tout cœur à faire taire mes préjugés, ignorer la prudence pour me ranger du coté de ce qui est authentique. Je désire sincèrement tout transcender pour laisser couler la vérité. Veuille le ciel m'aider à me dépasser pour que mes préjugés ne transpirent sciemment à travers ces pages. Que la hache tombe là où il faut ! La Vérité doit triompher ! Ma boussole doit être le Livre des Livres, La Bible. Car elle révèle l'amour, la sagesse, la puissance, la fidélité et la miséricorde de Jéhovah. Elle est la source qui instruit sur le salut, la foi et la conduite idéale. Elle règle les relations verticales, divino-humaines et les relations horizontales, interhumaines. À titre de référence, la version populaire de Louis Segond sera la boussole pour éviter toute confusion. Au départ, si quelqu'un ne reconnaît pas la Bible comme livre de référence, c'est déjà le début du débat spirituel. Tout compte fait, cela vaut la peine de lire ce livre, ne serait-ce qu'à titre d'information.

Introduction

« Interdit » Aux Libres Penseurs

Je respecte tout le monde. En conséquence, je respecte aussi ceux qui se disent libres penseurs ou partagent leur opinion. Ce sont des gens dénués de fanatisme, animés de bonne foi, doués de jugement, qui adoptent une approche équilibrée et impartiale en vue de juger, d'analyser et d'interpréter les données qui leur sont soumises afin d'en tirer leurs propres conclusions. Les libres penseurs ne sont pas des aigris, des obscurantistes, ou des gens remplis de préjugés qui rejettent ipso facto toute **idée** différente de la leur. Ils savent que toute nouvelle approche ou interprétation pourrait, avec le temps et l'analyse, générer une explication originale capable d'éclairer l'homme perplexe, cet éternel chercheur qui ne cesse de s'interroger sur son origine et sa raison d'être. Les prémisses peuvent être identiques, et les conclusions différentes. Voilà pourquoi, en toute humilité, je fais appel au raisonnement, au discernement et à la patience de tous, y compris les ‹ libres penseurs ›, pour la lecture de cet ouvrage.

A. Le rôle de la religion à travers les âges

La religion a toujours joué un rôle majeur dans la dynamique des civilisations. Au sein des différentes sociétés et cultures humaines, les confessions religieuses ont un impact que nul ne peut ignorer. Mais ce concept est diversement apprécié. Certains saluent la religion comme le fer de lance pour lutter contre l'aliénation et promouvoir la valorisation des droits inaliénables de tout être humain. D'autres l'accusent d'être un outil efficace pour pacifier les exploités et calmer la conscience des exploiteurs. Devant cet imbroglio, d'aucuns choisissent d'être de simples spectateurs alors qu'ils font face eux aussi à des questionnements sur les différents aspects de la vie. Une telle démarche est jugée prudente et sage selon les critères libéraux de ce siècle. Cependant, il est de ces domaines où le silence et l'insouciance deviennent un vote tacite, un choix en faveur d'une position ou d'une autre. Tout être conséquent avec lui-même, conscient du fait que son avenir est fonction de ses choix et de ses actions, ne peut rester l'esprit fermé, passif, à la merci du hasard, quand il est question de sa destinée finale.

B. La notion de Dieu : concept philosophique ou scientifique ?

Que savons-nous de Dieu ? Nul ne peut prétendre, en toute sincérité, n'avoir jamais entendu parler de religion ni pensé au concept de ‹ Dieu ›. Chacun est naturellement ‹ chercheur du Très-Haut ›, même celui qui se targue d'avoir l'esprit assez fort pour se suffire à lui même. Il arrivera un moment, à la croisée des chemins, où son intelligence ‹ prodigieuse › le poussera à questionner ses propres certitudes, ébranlées à la faveur de telle ou telle circonstance. Alors ne serait-ce que par réflexe, l'espace de quelques brèves secondes, la notion du rôle de Dieu dans la vie effleurera sa pensée. Aussi essayons d'aborder cette notion de Dieu sans passion, en toute simplicité et sincérité, et avec patience.

Tout être sensé se penche plus d'une fois sur ce qui traduit l'essence même de la vie, son origine, son but et son aboutissement ultime. En y réfléchissant, il ne peut s'empêcher de penser à la notion de divinité, qui a de tous temps captivé l'attention des hommes. Qu'on soit philosophe, théologien, idéaliste religieux, poète, métaphysicien, politicien, savant ou le commun des mortels, on ne résiste pas au désir d'opiner sur Dieu. De Socrate à Nietzsche, de Platon à Heidegger en passant par saint Augustin, saint Thomas d'Aquin ou Descartes, tout le monde essaie d'argumenter pour ou contre Dieu, ou tente de réconcilier la foi avec la raison. Pourquoi ? Parce que le genre humain demeure un être cultivé, toujours en quête du savoir. Les neuroscientifiques commencent à émettre des hypothèses génétiques selon lesquelles il y aurait une zone cérébrale de la spiritualité.

C. Un Gène serait-il à l'origine de la tendance cultuelle chez l'homme ?

Selon certains chercheurs, dont la psychologue Laura Koening et le biologiste moléculaire Dean H. Hamer, la religion proviendrait d'un patrimoine génétique. Le gène de Dieu aurait même été isolé, il s'agit du VMAT2, dont le généticien Dean H Hamer fait état dans son livre *The God Gene : How Faith is hardwired into our Genes* publié aux éditions Doubleday en 2004. Il y aurait un endroit dans le cerveau où loge une prédisposition génétique pour adorer Dieu. Ce gène spirituel, le VMAT2, est le code d'une protéine qui contribue à transporter des monoamines. Le VMAT2 joue un rôle important dans la disponibilité des neurotransmetteurs, dont la dopamine et la sérotonine, dans le cerveau. Bien sûr, plusieurs autres facteurs tels la culture, la civilisation, l'éducation, les habitudes et le milieu ambiant peuvent contribuer valablement à la formation de la spiritualité de l'individu. De même, un seul gène ne détermine pas notre spiritualité. D'après de nombreux scientifiques, plusieurs gènes jouent un rôle prédominant dans notre tendance à croire en quelque chose ou quelqu'un. Nos habitudes et nos choix peuvent développer ces gènes ou les atrophier. L'histoire de l'adoration de l'homme remonte à des temps immémoriaux. La propension à l'adoration n'est pas due à l'effet du hasard. Voilà pourquoi ce livre soutient l'hypothèse que le besoin d'adorer est inhérent à la constitution du cerveau.

D. Et si Dieu lui-même l'avait prévu et voulu ainsi ?

D'aucuns ne peuvent résister à l'idée de se demander si Le Créateur ne s'est pas réservé un petit coin dans le cerveau humain pour le porter à réfléchir sur la possibilité de l'influence d'un Dieu dans sa vie. On répète souvent que toute œuvre de valeur suscite immédiatement la question suivante : qui l'a créée ? En effet, devant une magnifique œuvre d'art, à l'écoute d'une sélection musicale hors pair, à la lecture d'un beau poème ou d'un livre extraordinaire, on n'entend qu'un refrain : qui l'a composé ? Qui l'a écrit ? Quand on identifie une œuvre géniale, on l'accepte ainsi que son auteur les bras ouverts, même si certains préjugés peuvent avoir engendré des doutes de la part du spectateur. Que l'on essaye d'attribuer l'œuvre à d'autres personnes apparemment mieux qualifiées ; que l'on imagine certaines explications pour en rejeter l'authenticité ou douter de son créateur, on finit bien souvent par accepter l'œuvre et son auteur, ne serait-ce que par respect du ‹ droit d'auteur ›.

Quand on contemple les cieux, la lune et les étoiles, on y voit beauté, harmonie et grandeur. La nature est majestueuse, la création est merveilleusement organisée,

rien n'est laissé au hasard. Qui n'est pas fasciné par
les éléments de la nature ? Les jardins embaumés de
mille senteurs, une fleur qu'une larme humaine a fait
éclore, le premier envol d'un papillon, l'alternance des
saisons, le détour musical des torrents, l'écoulement des
rivières, les arbres géants, à la merci des saisons, au gré
du vent, lesquels silencieusement enregistrent tout ce
qui se passe sous leurs branches ; la lumière éclatante du
soleil de printemps qui vient chasser le froid hivernal
de la nuit précédente et ranimer la vie humaine ; l'astre
nocturne au milieu des étoiles qui scintillent comme
des diamants ; les oiseaux libres qui volent au dessus
des prés, l'océan immense qui jamais ne sommeille, les
montagnes majestueuses qui de loin semblent toucher
le ciel ; les gazouillis des oiseaux, la routine des animaux
des champs, les reptiles, les poissons des mers, les
insectes … Ma foi ! Le plaisir qu'éprouvent nos yeux à
contempler ces merveilles est vraiment ravissant. Peut-
on imaginer cette beauté à la genèse de l'humanité !
Quand l'homme vint à l'existence, il trouva que tout
était déjà fait. Comme être intelligent, il se posa des
questions. Et les opinions, les hypothèses diffèrent. Les
réponses sont truffées d'hésitations.

E.   La réconciliation de l'humain et du divin ?

Le document référenciel, la Bible, déclare que
Jéhovah a tout créé. Les chrétiens acceptent que tout
témoigne de la puissance éternelle et de la divinité
du Créateur. En effet, selon la Bible, Dieu s'en est
déclaré l'auteur authentique. GENÈSE 1 : 27 « Dieu créa
l'homme à son image, il le créa à l'image de Dieu, il
créa l'homme et la femme. » PSAUMES 95 : 6 « Venez,
prosternons-nous et humilions-nous. Fléchissons le
genou devant l'Eternel, notre Créateur. » ESAÏE 45 : 12

« C'est moi qui ai fait la terre, et qui sur elle ai créé l'homme ; c'est moi, ce sont mes mains qui ont déployé les cieux, et c'est moi qui ai disposé toute leur armée … ». Mais plus d'un se servent de leur liberté de penser, leur intelligence et leur droit de raisonner qui leur sont accordés par Dieu pour questionner, douter et même refuser d'accepter ce qui est dit. Ils avancent d'autres théories et rejettent celle qui établit Dieu comme étant l'Auteur de tout. Or Dieu ne va pas leur intenter un procès. Si Corneille nous permettait d'emprunter sa déclaration, on dirait :

« Te mesurer à Dieu, qui t'a rendu si vain ? Toi qu'on n'a jamais vu les armes à la main ! »

F. Evolution versus Création

La théorie de l'évolution parle indirectement d'un commencement préludé par le ‹ Big Bang ›. La Bible aussi parle de la genèse de notre planète et tout ce qui s'y trouve. Mais elle donne une explication différente : « Au commencement, Dieu créa » (Genèse 1 : 1).

G. La Bible et la Création.

La Bible déclare : « Les cieux racontent la gloire de Dieu et l'étendue manifeste l'œuvre de ses mains. » (Psaumes 19 : 1) Elle dit aussi : « La terre était informe et vide. […] L'esprit de Dieu se mouvait au dessus des eaux ». (Genèse 1 : 2) Puis, selon Genèse 2 : 21, Dieu ordonna par sa parole et ce fut la création. « Il dit et la chose arrive ; il ordonne et elle existe. » (Psaumes 33 : 9) Au lieu de trouver une telle approche trop simpliste, pourquoi ne pas être émerveillé devant un Dieu si puissant ?

La science et le divin obéissent à des lois.

Les scientifiques admettent que l'univers est contrôlé par des forces, lesquelles requièrent des lois. Tout, dans l'univers, obéit à des lois, visibles ou invisibles. Les découvertes scientifiques aussi sont soumises à des lois telles que : la physique, la biologie, la thermodynamique, la chimie … Or une loi ne se fait pas seule. Elle implique un législateur, un ordre hiérarchique où le plus fort déclenche une chaîne d'actions et de réactions pour dominer, ou imposer sa volonté. L'ordre dans l'univers demeure un fait. L'existence de l'univers, qui opère selon au moins un principe, exige une contingence laquelle, à son tour, relève d'une cause. L'univers a donc une cause. Mais quelle est-elle ? C'est à nous de l'identifier de façon objective et de l'attribuer à sa source. Avez-vous remarqué que malgré tous les progrès enregistrés, la nature agit indépendamment de ce que l'homme peut faire ? Les intempéries, les tremblements de terre, les catastrophes naturelles continuent de laisser l'homme impuissant.

Premières conclusions

Résumons l'approche scientifique qui porte plus d'un à nier l'existence de Dieu.

1. savants disent il y a eu un commencement, c'est le Big Bang. La Bible déclare dans GENÈSE 1 : 1 : « Au commencement Dieu créa … ». En d'autres termes, selon la Bible, non seulement il y a eu un commencement, mais celui-ci a été déterminé, organisé par un Dieu éternel qui, lui, n'a ni commencement ni fin.

2. Les savants avancent des postulats dont ils tirent des déductions. Ils croient dans leurs théories sans les avoir vues. Ils ont donc ‹ foi › dans ces théories fondées sur des observations et des déductions.

Les chrétiens aussi ont la foi. Mais celle-ci est ancrée sur les vérités bibliques. C'est une foi raisonnabl que est basée sur la logique, (*cf.* ROMAINS 12 : 1, derniè-re parte). . La religion et la raison font bon commerce. Mais la religion sans la raison annihile l'intellect et la logique, dégénère et débouche sur l'obscurantisme, le fanatisme, voire l'ineptie.

3. Les savants admettent, tout comme la Bible, que l'homme est une créature limitée et mortelle.

4. Les savants parlent d'un ensemble de forces extérieures à l'homme, par-delà l'homme et toute la création. Cet ensemble de forces serait omniprésent, immuable et parfait. Les croyants identifient ces forces comme étant les différentes manifestations d'un Créateur tout puissant auquel tout est soumis.

Le Dieu de l'Univers : Être suprême et incernable.

Nous répétons les faits historiques, sans pouvoir prouver leur exactitude absolue. Et nous y croyons. Or les événements historiques ne sont pas nécessairement prouvés. Ce sont des récits acceptés par la foi. Napoléon Bonaparte disait : « La vérité de l'histoire ne sera proba-blement pas ce qui a eu lieu, mais seulement ce qui sera raconté. » De son côté, le célèbre biologiste américain, Edwin Couklyn, a déclaré : « Essayer d'expliquer le début de l'apparition de la vie par le hasard, c'est admet-tre que lors de l'explosion d'une imprimerie, il ait pu se former un dictionnaire tout seul. » On pourrait ajouter, dans le même ordre d'idées : c'est croire qu'à la suite d'une explosion dans une usine automobile, il en est sorti une Cadillac, une Mercedes ou une Porsche.

La science ne saurait prouver l'existence ni l'inexistence de Dieu. Pourquoi ? Parce que Dieu est immatériel. On ne peut le contenir ni le soumettre à l'étude méthodique de l'homme. Il ne peut être ni palpé, ni pesé, ni mesuré. Il n'opère pas selon nos paramètres, nos hypothèses ou nos dimensions. Son étude anatomique et physiologique, son ADN, son empreinte digitale ne nous sont pas accessibles. Qu'un être fini, limité et visible veuille comprendre un être infini, illimité et pluridimensionnel est pure absurdité ! Le temporel ne peut pas appréhender l'intemporel ; le visible ne peut pas cerner l'invisible. Selon 1 Timothée 6 : 16, « Dieu seul possède l'immortalité. Il habite une lumière inaccessible, que nul homme n'a vu ni ne peut voir, à qui appartiennent l'honneur, et la puissance éternelle. Amen ! »

L'existence humaine en soi constitue une limite à notre compréhension du mystère divin. Tout être humain a une échéance : la mort. Pouvons-nous passer notre vie à tenter de **cerner l'incernable** pour le prouver ? Dans Ecclésiaste 1 : 13, Salomon déclare : « J'ai appliqué mon cœur à rechercher et à explorer par la sagesse tout ce qui se fait sous les cieux : c'est une occupation ingrate que Dieu a donnée aux fils des hommes afin qu'ils s'y fatiguent. »

Dieu se situe en dehors du temps et de la matière. Son existence ne se définit pas en fonction des faits tangibles et avérés que nous voudrions lui imposer. Tout esprit honnête et avisé doit être au moins insatisfait des éléments de réponse que les grands hommes, les belles têtes de ce monde, ont proposés à ces pertinentes questions. Comment vouloir comprendre le Très Haut, alors que nous n'y arrivons même pas avec nos semblables ? Aussi la preuve ultime réclamée par les non-croyants pour expliquer ou démontrer l'existence de Dieu est-elle impossible à apporter.

J'aime entendre raconter l'histoire suivante. Un jeune membre d'Eglise réfractaire se leva un beau jour au milieu d'une assemblée et mit le pasteur au défi de lui prouver l'existence de Dieu. Le pasteur, qui connaissait très bien sa Bible, n'eut aucune peine à lui citer des textes traitant de l'existence et de la puissance du Créateur. Incrédule, le jeune homme trouvait à redire après chaque verset avant de conclure qu'il ne croyait pas dans les thèses de la Bible sur Dieu et sur la création. Alors une dame d'un certain âge laissa tranquillement sa place et obtint du pasteur l'autorisation de s'entretenir avec le jeune homme. Elle tira de son sac à main une pomme qu'elle exhiba sous les yeux du garçon : « Cette pomme que j'ai dans la main, lui demanda-t-elle, est-elle aigre ou sucrée ? » Le jeune homme répondit : « Vous devez avoir un problème, madame. Comment pourrais-je savoir si votre pomme est aigre ou sucrée puisque je ne l'ai pas goûtée ? ». Et la vieille dame rétorqua : « C'est exactement cela ! Vous ne pouvez croire en Dieu si vous ne l'avez pas goûté. » Et sous les yeux du jeune homme, la dame se mit à déguster la pomme.

Blaise Pascal disait : « C'est le cœur qui sent Dieu et non la raison. » Et Saint-Exupéry, dans son best-seller Le Petit Prince, d'ajouter : « On ne voit bien qu'avec le cœur. L'essentiel est invisible pour les yeux. »

Les croyants l'ont toujours déclaré : celui ou celle qui veut rencontrer le Tout-Puissant doit ouvrir son cœur et les avenues de ses pensées. De même qu'on arrive à croire à l'existence du vent sans le voir à l'œil nu, il faut une autre dimension pour saisir le concept du divin. Il n'est point besoin d'évidence pour croire en Dieu. Dieu dépasse toute logique humaine et ne peut par conséquent être appréhendé par la seule raison. Malheureux celui qui s'obstine à vouloir prouver rationnellement l'existence d'un Être qui le dépasse à tous points de vue. Dans la quête chrétienne, c'est le cœur qui dirige et non la tête.

La cathédrale de la connaissance par la seule raison n'existe pas. Les explications qu'on nous fournit, par exemple, à propos de la science et de l'histoire ne sont pas des vérités absolues. Pourtant, nous examinons scrupuleusement les pièces du dossier et acceptons celle qui nous paraît la plus plausible. Alors pourquoi être si intransigeant vis-à-vis du credo divin ? Lord Alfred Tennyson, l'un des plus célèbres poètes britanniques du XIXe siècle, déclare ainsi : « Rien qui mérite d'être prouvé n'est prouvable, / Ni improuvable ; c'est pourquoi, sois sage / Et choisis le côté le plus ensoleillé du doute. » [2]

Quelles sont les raisons qui amènent certains à nier l'existence de Dieu ?

---

2   Cité par Alister McGrath, in Jeter des ponts. L'art de défendre la foi chrétienne [Traduction : Antoine Doriath], éd. La Clairière, coll. « Sentier », Québec, p 205.

Interdit aux Libres Penseurs

Les Détracteurs de Dieu et de Son Existence

A. L'athée.

Dieu transcende la dimension humaine. D'ailleurs, S'Il faisait valoir à son droit d'auteur, qui serait le juge ? Où trouver les membres du jury ? Présumons que Dieu est le plaintif, et l'athée l'accusé. Si l'athéisme est la doctrine qui nie de façon absolue l'existence de Dieu, le procès ne peut pas avoir lieu, puisque l'une des principales parties est portée manquante. Si Dieu se présentait, l'athée nierait sa présence ; or, en cas d'absence, il doit se faire représenter. En principe, tout avocat est au moins aussi performant que le client qu'il représente. Qui peut valablement représenter Dieu ? On ne peut pas représenter quelqu'un dont on nie l'existence. « L'Eternel dit : … l'homme ne peut voir ma face et vivre. » (Exode 33 : 20). On revient ainsi à Corneille : « A vaincre sans péril, on triomphe sans gloire. »

B. L'agnostique.

Etymologiquement, l'agnostique se déclare à priori indifferent, ignorant. Si l'agnosticisme est cette doctrine ou attitude philosophique qui reconnaît l'existence d'une intelligence supérieure sans encore la nommer, le débat ne peut point avoir lieu faute d'interlocuteur.

C. Le nihiliste.

Si le nihilisme est la doctrine qui soutient que rien n'existe au sens absolu, c'est la négation de toute réalité substantielle, de toute croyance. Dans ce cas, il nous faudra toujours renvoyer les débats *sine die*, ou mieux jusqu'au Grand Jugement que Dieu a lui-même fixé. Le grand jour de L'Éternel arrive où tout homme devra répondre de ses choix, de ses croyances et de ses attitudes. Certains disent que le bien et le mal ne sont qu'illusions, que Dieu détient un pouvoir dualiste, il est puissant mais insouciant, etc. Attendons la fin de leurs discours ! L'homme est un être fini, son discours aussi doit finir.

En ce nouveau millénaire, les progrès de la science, les nouvelles techniques qui ne font que se surpasser, les découvertes multiples portent un nombre considérable de gens à faire usage de leur liberté de choisir et de raisonner pour rejeter totalement et ouvertement Dieu. Ils minimisent, voire invalident l'autorité des *Saintes Ecritures*. Ils épousent d'autres théories, d'autres croyances, les unes plus imaginatives, plus sophistiquées que les autres. Ceux qui croient en Dieu sont taxés de simplistes, de naïfs, et même d'ignorants. Kant déclarait dans la *Critique de la raison pure* : « J'ai dû abolir le savoir pour lui substituer la croyance. » De nos jours, plusieurs partagent un tel point de vue. Comme si la foi et la connaissance étaient incompatibles. Beaucoup sont très fiers de dire à qui veut les entendre qu'ils ne croient pas ou plus en un Être Suprême. Ils évoluent parmi des mécréants effrontés. Signalons que pour aborder la question de l'existence de Dieu, il faut a priori qu'on soit de bonne foi, et doué de discernement.

D. Les scientifiques appuient le Big Bang

Les scientifiques disent : « Au commencement, le Big Bang ! ». Mais qu'est ce qui a existé avant le Big Bang ? Qu'est ce qui l'a provoqué ? Les hommes en sont encore à émettre des hypothèses. Comment peut-on être sûr du Big Bang, si on ne l'a jamais vu ? Comment le décrire ? Comment peut-on rejeter Dieu qui nous a laissé un manuel, au profit d'un ‹ Big Bang › dont nous savons si peu ? Comment des êtres intelligents peuvent-ils préférer s'aventurer dans l'inconnu au détriment des données soumises par le Créateur, qui fournissent l'explication sur l'existence du monde ? Aucun de nous n'était présent. Il nous faut de la foi dans les deux cas.

Les scientifiques soutiennent que de nombreuses manifestations appuient leur théorie. Pourquoi alors le chaos n'a-t-il pas perduré ? Qu'est ce qui l'a incité à s'organiser ? Qu'est ce qui a empêché un chaos plus fort de s'organiser en quelque chose d'autre depuis notre existence ? Les scientifiques postulent que c'est grâce à l'interaction des forces de la physique : 1 - la force nucléaire ; 2 - la force de gravité ; 3 - la force électro-faible, l'union de la force faible et de la force électromagnétique, composée des forces électrique et magnétique. L'interaction des forces physiques a donc causé ce que nous constatons, l'existence d'un monde organisé, beau et presque parfait ! Mais d'où viennent ces forces ? Elles n'ont subi aucune transformation depuis le Big Bang. Pourquoi depuis l'existence de l'homme n'a-t-on jamais vu une autre situation chaotique se transformer en une autre série d'événements ? Pourquoi l'homme n'a-t-il jamais vu d'autres bactéries, protozoaires, ou singes évoluer pour donner une autre créature semblable à la nôtre ? Est-ce-que le Big Bang avait donné naissance à l'homme et à la femme en même temps, ou bien avait-il créé l'homme puis la femme ou vice versa ? On s'imagine qu'il faudra encore attendre quelques autres milliards d'années ! Ah bon !

E. Les scientifiques disent qu'il n'ya pas de place pour Dieu dans l'Univers

Je me permets de prendre un exemple connu pour illustrer le dilemme de l'homme : En 1988, un grand scientifique britannique — qui a reçu de nombreux prix et distinctions y compris la Médaille présidentielle de la liberté, la plus haute distinction civile aux Etats-Unis en 2009 — l'astrophysicien théoricien et cosmologiste Stephen William Hawking écrivit un best-seller intitulé «Une brève histoire du temps». Ce livre a reçu divers commentaires favorables. Entre autres choses, l'éminent homme de science fit état de sa préoccupation à vouloir trouver une explication concernant les raisons de l'existence de l'humanité et de l'univers. Il osa déclarer qu'une telle découverte permettrait aux scientifiques de «connaître l'esprit de Dieu». Avec tout le respect que je lui dois, ce raisonnement du brillant agnostique semblait faire montre d'une lacune fondamentale : la base même du principe est faussée. Il faut d'abord connaitre et comprendre l'univers avant de vouloir appréhender les raisons de son existence. Jusqu'à présent, nous avons à peine commencé à apprendre davantage sur l'univers. Plus nous en savons, plus il y a à approfondir. Et qu'allons-nous faire quand nous devenons convaincus de l'existence ‹ des univers › ? Ensuite, postuler à ce sujet serait une projection de notre propre esprit fini et de la nature de ce que nous croyons voir. Les explications que nous donnons ne sont pas nécessairement l'interprétation correcte de ce que nous percevons. Dieu ne nous a jamais dit qu'il y avait un seul univers, un seul système solaire. En fait, au Psaumes 115:16, nous lisons « Les cieux sont les cieux de l'Eternel, mais il a donné la terre aux fils de l'homme ». Nous avons beaucoup de théories, d'hypothèses concernant l'univers, et avec le temps nous apprenons un peu plus chaque jour. Ces soi-disant ‹ mondes redondants › dont certains font état pour questionner la sagesse d'un Créateur éventuel, ‹ nous sont étranges › à cause de notre compréhension limitée actuelle des choses. C'est comme un enfant qui raisonnerait : puisque dans notre monde nous ne disposons que de garçon et de fille, alors pourquoi des parents ont 3, 5 ou 10 enfants ? Nous ne pouvons pas appréhender la pensée et le raisonnement divins, encore moins son comportement. Nous avons notre date d'expiration. Dieu n'en a pas. Or, environ 12 ans plus tard, le scientifique de renom est de retour avec ‹ Le Grand Dessein › coécrit avec le scientifique américain - Leonard Modiano. Cette fois-ci, l'homme de science Hawking estime qu'Il n'est pas nécessaire d'invoquer le rôle de Dieu dans la création de l'univers. Est-ce un changement de position dû à la frustration de ne pas être en mesure de ‹ connaître l'esprit de Dieu › ? C'est une question à laquelle Dieu seul peut répondre. Si l'univers est sorti de rien, nous ne devrions pas adopter ou utiliser quoi que ce soit avant son existence pour l'expliquer. Si Dieu n'existe pas pour nous, alors nous ne devrions pas emprunter ce qu'il peut avoir créé pour expliquer nos théories. Ici encore, la prémisse est fausse. Comment pouvez-vous faire appel à des lois naturelles, telles que la gravité pour parler de la création sponta-née ? D'où viennent ces lois ? Qu'est-ce qui arriva le premier : l'univers ou les lois ? On pourrait dire que les lois ont devancé l'univers. Alors comment ces lois ont-elles pu exister sans quelqu'un pour les formuler ? D'où vient le ‹ néant › ? Quelles mesures ont été prises pour que le ‹ néant › cesse d'exister et voir son espace devenir occupé, et à la faveur de quelles circonstances ? Avez-

vous jamais vu le ‹ néant › réussir à se transformer en
matière, en énergie ? Avez-vous renoncé à la seconde loi
de la thermodynamique qui déclare que naturellement
les choses ont tendance à se désorganiser au lieu de
s'organiser. Pourquoi ‹ rien › n'est venu de rien depuis ?
La création spontanée, ou le processus d'évolution ne
peut expliquer l'univers. D'où vient la possibilité de l'ex-
pansion de l'univers, ou pourquoi peut-on même parler
d'autres univers ? Pourquoi notre système solaire et la
terre sont disposés de manière exacte pour permettre à
l'humanité de vivre sur cette planète ? Ou est-ce simplement un hasard ? Toutes ces théories exigent la foi.
Dieu est si grand, si mature qu'il donne à l'homme assez
d'intelligence et de raison afin de nier son existence.
Néanmoins, l'homme est un être fini, Dieu est infini. Il
fait tout pour maintenir notre privilège d'être libre de
choisir entre croire en Lui, ou croire en nos théories.
N'est-il pas étrange que d'éminents scientifiques peuvent
théoriser ou même croire à l'existence de la vie extrater-
restre alors qu'ils ne veulent pas accepter l'existence de
Dieu, le Créateur ? Est-ce que nous sommes si brillants,
si sophistiqués au point de ne pouvoir apprécier ce qui
est simple et évident ? En tout cas, il convient de garder
à l'esprit que le temps est infini, éternel pour Dieu qui le
transcende. Il a beaucoup de ‹ temps › pour décider de
ce qu'il veut faire avec l'univers ou les univers. Il a fallu
des scientifiques tels que Jim Hartle et Hawking pour
postuler que l'univers n'a ‹ pas de limite dans l'espace-
temps ›, ou Thomas Hertog et Hawking pour proposer
une théorie d'une cosmologie orientée ‹ du haut vers le
bas ›, ce qui signifie que l'univers n'a pas d'état unique
initial. Mais les concepts de ‹ trous noirs ›, ‹ d'univers
sans limites ›, et ‹ de la diversité dans l'espace › n'ont
jamais échappé aux simples croyants qui lisent la Bible.

En effet, il suffit de lire les chapitres 38, 39, 40 et 41 du livre de Job pour s'en rendre compte. 1 Timothée 6:16 nous dit que Dieu seul possède l'immortalité. Il habite une lumière inaccessible, que nul homme n'a vu ni ne peut voir. Selon Luc 1 : 37, il n'y a rien d'impossible à Dieu. Jérémie 32 : 17 nous dit que rien n'est trop difficile pour Dieu.

F. **Les conséquences du rejet de l'existence de Dieu.**

Revenons aux considérations faites par nos aînés. Supposons un instant que Dieu n'existe pas. Que faut-il en déduire ? Tout est parvenu à l'existence par hasard, grâce à un processus évolutif qui est miraculeusement parti du chaos, du néant pour aboutir à un chef-d'œuvre. Est-ce possible ? Est-ce du bon sens ? Avez-vous jamais vu les choses s'améliorer de par elles-mêmes lorsque vous les laissez aller au hasard ? Essayez d'abandonner votre jardin pour une saison et constatez le résultat !

Considérons la complexité de la vie » les acides aminés, les protéines, les micromoteurs à l'intérieur des cellules, l'ADN, etc. Ne sommes-nous pas convaincus que toute vie nécessite une source de vie ? L'intellect, la complexité de l'organisme humain, le fonctionnement du système nerveux et son habilité à coordonner l'être humain, l'extraordinaire œil humain, le vide dans le registre des fossiles … L'observation de la voie lactée, l'énormité de l'univers … Tout cela devrait porter l'homme à être au moins prudent, voire à reconsidérer les différentes théories sur la vie et sur l'existence d'une Superpuissance ! Certains préfèrent leurs opinions, leurs hypothèses. D'après la ‹ science ›, tout ce que nous voyons procède de l'évolution qui, depuis quinze milliards d'années, pousse la matière à s'organiser du Big Bang à l'intelligence. Nous descendons des galaxies, des singes, des bactéries … Quand on est doué de discernement et d'impartialité, on doit admettre qu'il faut de la foi pour croire en cette théorie. La foi, selon Kierkegaard, est un saut dans le vide.

G. Pourquoi certains dénient- ils l'existence de Dieu ?

Quelles sont les raisons qui amènent certains à nier l'existence de Dieu ?

1. L'idée d'un Dieu invisible, dont la volonté est révélée à travers la Bible, représente un défi intellectuel dans un monde matérialiste. L'homme voit Dieu à travers son humanité. Par anthropomorphisme, il croit pouvoir cerner l'insaisissable, l'amener en laboratoire et l'analyser. Il nie l'existence divine par manque d'évidence physique d'après ses critères.

2. L'émergence du pluralisme religieux, jumelé à la conduite répréhensible, et les attitudes extrêmes des soi-disant dépositaires et dispensateurs de différentes doctrines rendent la vérité spirituelle instable, voire confuse. En effet les religions abondent. Les gens pratiquent davantage les ‹ ismes › qu'ils ne se consacrent à vivre les prescrits de leur foi. Ils passent même à coté des recommandations qu'ils s'acharnent à imposer aux autres. Cela conduit beaucoup à se demander s'il ne vaut pas mieux de s'abstenir à rechercher Dieu et à le servir. Ils ne savent pas ou oublient que Dieu ne tient point le coupable pour innocent.

3. Face à tant d'injustice, d'abus, de méchanceté, de maladie, de mortalité, de cataclysmes … l'homme tend à projeter sur Dieu ses propres fantasmes de toute-puissance. Il ne comprend pas qu'un Être si puissant et discipliné, qui gère tout selon des normes établies, respecte à ce point l'autonomie, la volonté et le libre arbitre de sa créature. Il ne comprend pas que Dieu puisse laisser l'homme faire ses choix en toute liberté ; même quand ses décisions sont contraires aux désirs du Créateur au point de causer des dégâts énormes dont les répercussions entraînent le sacrifice ultime de ce même Créateur pour racheter sa créature. « O profondeur de la richesse, de la sagesse et de la science de Dieu ! » ROMAINS 11 : 33A.

4. Il parait politiquement correct de se moquer d'un Être Suprême qui n'agit pas sous la dictée de sa créature afin de lui prouver sa toute-puissance. Tourner Dieu en dérision semble grandir ceux qui s'y engagent, les hausser parmi les belles têtes, les savants. Il est de bon ton de médire de Dieu, nier son existence : « C'est l'ère du progrès, avancent ses détracteurs, on peut presque tout expliquer. Pourquoi s'accrocher à l'idée d'un Créateur invisible ? » Croire en Dieu équivaut à de l'ignorance pure et simple, le fruit de l'imagination des croyants, un réflexe moyenâgeux. Entendons-nous, un enfant normal nie-t-il l'existence de ses parents une fois qu'il parvient à se débrouiller tout seul ? Peut-il se moquer d'eux ? Lors même qu'il perdrait la tête pour oser le faire, cela oblige-t-il les parents sensés à prouver leur rôle, leur nature de parents ?

5. C'est un moyen habile pour tenter d'échapper aux implications de la foi dans l'existence de Dieu. Car avouer qu'on y croit exige non seulement une idéologie, mais aussi un mode de vie conforme à une telle croyance, ce que plusieurs ne sont pas prêts à assumer.

6. Douter de ou nier l'existence de Dieu permet au genre humain d'évoluer paisiblement dans une société permissive où l'égoïsme, l'autosuffisance, la poursuite du plaisir sont valorisés. Partout, c'est l'encouragement à n'en faire qu'à sa tête, à donner libre cours à ses caprices, à œuvrer pour satisfaire ses envies sans se soucier des conséquences de ses choix. On croit, du moins on le souhaite, qu'après la mort, tout est fini. Donc il faut jouir de la vie au maximum.

7. L'influence, le désir d'être accepté et le prosélytisme expliquent aussi le rejet de Dieu. On a l'impression d'être mieux valorisé par l'élite intellectuelle quand on affiche ses doutes, qu'on ne cesse d'exiger la liberté, le plaisir, la richesse et le succès par tous les moyens. On se sent en bonne compagnie. Se rebeller contre les valeurs orthodoxes de la religion prend alors valeur de promotion, de rémunération.

8. Se déclarer ‹ croyant › ou ‹ chrétien › est impopulaire dans ce monde sécularisé. Le chrétien se sent réduit au minimum, ignoré, ridiculisé, voire catalogué comme naïf ou ignorant. **Il faut être vraiment fort pour prendre position en faveur de Dieu.**

9. D'aucuns refusent toute vie spirituelle à la suite d'une mauvaise expérience. Ils éprouvent de la rancœur à cause d'un désastre, d'un drame, d'un accident, de la maladie ou de la mort d'un être cher. Dieu, pensent-ils, aurait dû intervenir et agir pour sauver ou guérir. Les voilà irrités contre ce Dieu prétendument bon, qui les a désappointés.

Ces personnes sont déçues, irritées contre ce Dieu qui a osé les désappointer. D'après elles, un Dieu bon ne saurait tolérer tant de maux, de souffrances, d'injustices et de catastrophes naturelles. Ces catastrophes, ces griefs ne sont pas causés par Dieu, mais constituent le résultat immédiat du péché introduit dans le monde par la désobéissance de nos premiers parents. C'est difficile à croire, mais le fait demeure que nous avons hérité du péché de nos premiers parents Adam et Eve. Dieu est infiniment pur. Sa nature ne lui permet point de pactiser avec le péché. Par notre désobéissance, la seule chose que nous méritons tous est la destruction déclenchée par nos péchés. C'est comme une maladie auto immune dans laquelle l'organisme s'autodétruit. Alors que nous méritons la colère de Dieu, dans son amour et sa miséricorde il envoie son fils mourir sur la croix pour payer la peine des péchés, qui est la mort. Ainsi donc, à chaque fois que nos péchés veulent activer notre destruction automatique, le sacrifice de Jésus nous purifie. C'est le meilleur ‹ antibiotique › contre tous les péchés et dont les effets secondaires sont l'amour, la paix, la joie, la patience, etc. Cependant, il y a une simple nuance : pour que ce sang soit efficace, il faut accepter le Christ comme Sauveur personnel. En d'autres termes, nous devons volontairement signer un acte de consentement pour laisser Jésus nous représenter et plaider notre cas par devant le trône céleste. Alors, la prochaine fois vous rencontrez quelqu'un qui veut accuser Dieu ou se rebeller contre Lui parce qu'il n'«a rien fait de mal» pour mériter toutes les mauvaises choses qui lui arrivent ou qui se passent autour de lui, veuillez bien lui rappeler que — de par notre nature humaine — nous méritons le pire, mais seulement à travers Jésus-Christ ‹ le pire › est devenu ‹ le meilleur ›.

10. Plus d'un éprouve un certain désenchantement face à un Dieu si lent, voire inactif. Ceux qui ne choi-

sissent pas Dieu le jugent inefficient, pensent qu'il fait prospérer le méchant et laisse gésir celui qui le sert dans les affres de la misère.

H. Le rôle du genre humain face à son ultime destinée.

Cela étant, ce que nous disons ou souhaitons ne peut changer ce qui est. Notre décision de croire ou de ne pas croire ne peut ni créer, ni modifier ni tuer Dieu. En d'autres termes, notre incroyance ne saurait l'éliminer, tout comme notre croyance ne sait le créer. On ne peut pas nier l'existence de Dieu sur la base de ses émotions ou de ses déceptions. La Bible n'a jamais ambitionné de nous présenter un exposé scientifique pour prouver et expliquer Dieu. Son projet consiste à présenter une approche objective, un récit des œuvres accomplies par Le Créateur. C'est à nous que revient le choix de l'accepter pour ce qu'il est et ce qu'il a fait, ou de le rejeter.

I. Quand l'homme joue à l'enfant gâté.

Nous voulons d'une garantie totale des interventions sur commande pour être convaincus que Dieu existe. Je me souviens d'une histoire entendue quand j'étais gosse. Un homme, se tenant sur une place publique très fréquentée, ne cessait de lancer des défis à Dieu. Il disait d'une voix forte : « Dieu, je tiens un poignard dans la main, si tu existes vraiment, utilise ta puissance pour le porter à me blesser l'autre main. » L'homme n'eut pas de réponse, même près avoir répété plusieurs fois sa requête. Frustré, l'homme porta le poignard à son cou et cria plus fort : « Dieu ! Je te lance ce défi : tout le monde regarde et entend. Si tu existes vraiment, ordonne à ce couteau de me couper le cou pour mettre fin à ma pauvreté. Je suis prêt à mourir, les spectateurs croiront en toi après ma mort. » L'homme attendit indéfiniment, rien ne se passa. Vexé, il prit le large tout en continuant d'invectiver le Très-Haut. On peut se demander quel parent sensé aurait exaucé une requête aussi insensée ? Si les êtres humains qui aiment leurs enfants ne le feraient pas, comment croire que Dieu soit capable d'agir dans ce sens ?

Le plus grand problème de l'homme vient du fait qu'il ne peut comprendre le modus operandi du Créateur. Il veut une garantie totale et des interventions sur commande pour être convaincu de l'existence de Dieu. Selon Esaïe 55 : 8, les voies et les pensées de Dieu ne sont pas les nôtres. 1 Corinthiens 1 : 25 nous fait remarquer ceci : « La folie de Dieu est plus sage que la sagesse du plus sage que la terre ait connu. » Quand nous entrons, par exemple, dans un avion pour aller d'un point **A** à un point **B**, nous n'avons aucune garantie que celui-ci ne va pas s'écraser avec nous avant l'arrivée à destination. Bien souvent, nous ne voyons pas le pilote, et n'avons aucune possibilité de vérifier ses références académiques, s'il est en bonne santé physique ou mentale, capable de piloter. Mais en le prenant, nous nous engageons tout entier. Nous faisons foi dans la ligne aérienne et lui confions notre existence pour quelques heures. Pourtant, nous refusons de nous prononcer pour Dieu. Certes nous n'avons pas toutes les preuves voulues de l'existence ou de la non-existence de Dieu, mais notre éternité dépend de notre engagement de l'accepter ou de ne pas l'accepter. Quand nous comparons l'enjeu de la promesse d'une éternité bienheureuse à celui de la destruction éternelle, franchement, le jeu en vaut la chandelle.

Supposons un instant que l'un de nous rencontre sur la route Bill Gates, qui arrive à lui cacher son identité. Il nous arrête sur notre chemin et nous dit : « Mon ami, je te promets 1 million de dollars. Crois-tu que je peux te les donner ? » Tout être sage et intelligent, après une courte réflexion, répondrait par l'affirmative. Pourquoi ? Non seulement pour faire preuve de bonnes manières et écourter le dialogue, mais aussi, il réalise qu'en disant oui, le pire qui puisse lui arriver est qu'il n'obtienne rien. En réalité, il n'aurait rien perdu. Mais s'il dit non et que cet étranger soit capable de lui faire don d'une telle somme, imaginez sa perte et son regret pour avoir été incrédule.

J.   Un choix plus simple qu'on ne croirait.

Si nous pouvons prendre le risque de voyager dans un avion sans la garantie totale d'arriver à destination, cela vaut au moins la peine d'examiner l'idée d'un Créateur authentique qui a fixé un temps pour toute chose. Il déclare dans ECCLÉSIASTE 8 : 6 : « Après tout, vient le jugement. » HÉBREUX 9 : 27 aussi nous rappelle qu'après la mort vient le jugement. Que de gens ont prédit des choses extraordinaires et n'ont pas survécu pour les voir se réaliser pendant leur existence. En revanche, personne n'a vu Dieu mourir. Il n'existe aucune tombe, ni de mausolée où nous pouvons sinon voir, du moins honorer ses dépouilles. Pourtant que de prophéties prononcées par Dieu à travers ses serviteurs se sont accomplies et s'accomplissent encore ! Qui a jamais vu une onde magnétique ? Mais la radiation et ses effets existent, et nous y croyons … ou nous en serons victimes. Ne vaut-il pas la peine de réfléchir et de choisir Dieu ?

Au cours du tremblement de terre qui a frappé la république d'Haïti le 12 janvier 2010, près de 300 000 personnes ont trouvé la mort, 1 500 000 autres sont devenues sinistrées … Sous les décombres ont disparu des vies humaines, de l'argent, des objets précieux et des monuments. Tout cela en une poignée de secondes. S'il faut errer, pourquoi ne pas le faire du côté de la prudence ? Que sera-t-il de la destinée éternelle de ceux qui sont morts soudainement dans plusieurs tragédies que vous et moi avons vécues, ou dont nous avons entendu parler ? Toutes les victimes ont connu le même sort : les riches comme les pauvres, les intellectuels comme les illettrés. Les nantis qui habitaient les zones les plus huppées, dans le luxe et l'abondance, auraient tout donné pour avoir la vie sauve. Hélas ! Quand le glas de la mort sonne, nul ne peut s'y dérober.

Mais la vraie question demeure : la mort annonce-t-elle la fin de toutes choses, la dernière phase de l'existence humaine ? Il s'agit d'une question cruciale à laquelle aucune belle tête, aucun grand penseur ne peut fournir une réponse définitive. Pourquoi la laisser au hasard ? La Bible déclare dans APOCALYPSE 1 : 18 que Jésus le Vivant tient les clés de la mort et du séjour des morts. Dans ECCLÉSIASTE 12 : 1 nous pouvons lire aussi : « Jeune homme, réjouis-toi dans ta jeunesse, livre ton cœur à la joie pendant les jours de ta jeunesse, marche dans les voies de ton cœur et selon les regards de tes yeux ; mais sache que pour tout cela Dieu t'appellera en jugement. »

La notion de l'existence de Dieu est une question de foi, une expérience personnelle, un engagement qui nous lie à l'éternité. Nul ne peut être neutre. La différence entre le croyant et le non-croyant est simple. Le croyant compte sur Dieu et préfère opter pour la vie éternelle, quitte à risquer le peu que lui offre cette vie. Le non-croyant, lui, tente sa chance ; il mise sur sa connaissance, son intuition et s'accroche aux biens terrestres qui peuvent disparaître à tout moment. Le croyant a foi en Dieu, le non-croyant a foi en ses théories. L'homme a-t-il jamais erré dans sa connaissance des choses ? Bien sûr. Les gens meurent-ils sans jamais revenir à la vie ? Bien sûr. Peut-on tout perdre, y compris sa propre vie ? La réponse est : Oui. Dieu a-t-il jamais erré ? La réponse est au moins sujette à débat, si l'on ne veut pas abonder dans le sens des croyants et la Bible pour dire : « Dieu n'est point un homme pour mentir ni fils d'un homme pour se repentir » (NOMBRES 23 : 19). Tout ce qu'il a dit, il le fera. Ce qu'il a déclaré, il le réalisera. ROMAINS 4 : 21 aussi invite à avoir la pleine conviction qu'il peut accomplir sa promesse. Alors, s'il faut errer, pourquoi ne pas errer dans le sens de la raison, ‹ la probabilité divine › ?

K. Le pari existentiel de Pascal.

Considérons un instant le pari existentiel de Pascal.

Scénario numéro un : Dieu existe. La fin de toutes choses arrive. Il jugera le monde. Vous y croyez aussi. Votre conviction sera confirmée et récompensée. Vous aurez part au royaume éternel où couleront le lait et le miel. Où « Dieu lui même essuiera toute larme des yeux de [ses élus], la mort ne sera plus, et il n'y aura plus ni deuil, ni cri, ni douleur … » (Apocalypse 21 : 4).

Scénario numéro deux : Dieu existe. Vous ne croyez pas en lui. Quelle désagréable surprise si vous devez le rencontrer et faire face au jugement et au verdict éternel ? Quel argument aurez-vous pour vous innocenter ? Comment Dieu peut-il vous faire grâce à ce moment fatidique ? Il serait injuste vis-à-vis de ses adeptes qui vous en parlaient pendant qu'il était temps s'il ne vous accordait pas ce que vous méritez. Le sort réservé aux incroyants est clairement décrit dans la Bible, c'est la destruction éternelle. Apocalypse 21 : 8 : « Mais pour les lâches, les incrédules, les abominables, les meurtriers, les impudiques, les enchanteurs, les idolâtres, et tous les menteurs, leur part sera dans l'étang ardent de feu et de souffre, ce qui est la seconde mort. » N'allez pas dire que Dieu est vengeur. Il a tout entrepris pour le rachat de l'homme, y compris de donner sa propre vie sur la croix pour son salut. Que pouvait- il faire de plus ?

Scénario numéro trois : Dieu n'existe pas. Mais vous, vous croyez en lui. A la fin de toutes choses, il n'y a rien. Vous êtes mort, vous ne vous réveillerez point. C'est le néant. Vous êtes dans l'inconscient. La poussière ne peut éprouver de regret. Au bout du compte, vous n'avez vraiment rien perdu ni gagné. Vous n'existerez pas pour apprécier votre choix.

Scénario numéro quatre : Dieu n'existe pas. Vous ne croyez pas en lui. Votre incroyance est ‹ justifiée ›, mais vous n'en serez pas conscient. La mort aura été la fin de toute existence et de toutes choses. Et vous ne saurez pas qu'il n'existe pas.

Les Détracteurs de Dieu et de Son Existence*

Tout se joue donc à partir de l'existence ou de l'inexistence de Dieu. S'il n'existe pas, nul n'a gagné ni perdu, car nous serons tous dans le schéol et nous aurons disparu à jamais. On meurt, et c'est la fin, une fois entré dans le néant, même pour ceux qui croyaient en l'existence de Dieu. Cependant, si Dieu existe, comme la Bible, la nature, la conscience le dictent, s'il y a un jugement dernier et une sentence en fonction de son rejet ou de son acceptation du salut, les rebelles « rendront l'âme de terreur » (Luc 21 : 26). C'est à vous de décider.

L. **Le choix est vraiment simple.**

L'homme, être sensé, choisit d'une façon générale d'errer du côté de la meilleure probabilité. Réfléchissons, pouvons-nous risquer toute une éternité sur la simple probabilité qu'après la mort, c'est le néant ? Et si comme la Bible le dit, après la mort vient le jugement ? Alors où seras-tu ? Où serai-je ? Quel sera notre sort ? Le plus étrange de l'affaire est que la doctrine authentique ne réclame aucune œuvre méritoire. Il suffit de croire et d'accepter l'offre d'un salut gratuit. Tout est déjà payé. Les croyants acceptent le fait que « Dieu existe et qu'il est le rémunérateur de ceux qui le cherchent » (Hébreux 11 : 6). La Bible témoigne du désir ardent du ciel de nous sauver tous, si seulement nous acceptons le salut qu'il nous offre.

Souffrez l'illustration suivante, quoique simpliste. Un être normal, doué de toutes ses facultés physiques et mentales, éprouve la faim. On peut aller lui chercher de la nourriture, et même la porter à sa bouche. Mais il doit au moins ouvrir la bouche, mastiquer et avaler ce qu'on lui donne. Il faut un minimum d'effort de sa part, sa collaboration. Selon la Bible, Dieu a tout fait pour le salut de tous. Il suffit seulement de l'accepter, de croire en lui. « Ce n'est point par les œuvres afin que personne ne se glorifie : (EPHÉSIENS 2 : 9). Pour une idée plus claire de l'offre gratuite du salut, vous pouvez consulter d'autres textes : PSAUMES 31 : 17, ROMAINS 11 : 6, 2 CORINTHIENS 9 : 8 et 15, PROVERBES 22 : 1, ROMAINS 5 : 17, EXODE 33 : 19, ESAÏE 30 : 18, EPHÉSIENS 4 : 7, 2 TIMOTHÉE 1 : 9, HÉBREUX 4 : 16, 1 CORINTHIENS 15 : 10, 1 PIERRE 5 : 5, EPHÉSIENS 5 : 20, TITE 3 : 7 … Jésus déclara quand il était sur la terre » « En vérité, en vérité, je vous le dis, celui qui écoute ma parole, et qui croit à celui qui m'a envoyé, a la vie éternelle et ne vient point en jugement, mais il est passé de la mort à la vie. » (JEAN 5 : 24) Ou encore : « **Voici, je me tiens à la porte et je frappe. Si quelqu'un entend ma voix et ouvre la porte, j'entrerai chez lui, je souperai avec lui, et lui avec moi.** » (APOCALYPSE 3 : 20) **Le choix vous appartient, nous appartient.**

Les Détracteurs de Dieu et de Son Existence

Plaidoyer Pour la Foi

a.) De même qu'une Cadillac ne peut pas sortir de la manufacture par hasard, l'univers matériel ne peut pas s'être créé et organisé tout seul. Un atome est compliqué et fascinant, riche en intelligence. Aucun de nous n'était présent ; ni les croyants en Dieu, ni ceux qui croient dans le Big Bang. Si nous pouvions appréhender le Créateur, l'expliquer ou le connaître entièrement, il cesserait d'être Dieu. Nous pouvons choisir de croire en un Créateur pour sa divinité et ses grandes opérations dans la création, ou dans la théorie de l'évolution pour ses propositions, ses spéculations. Dans les deux cas, il nous est impossible de répondre à toutes les questions. Nonobstant, on peut faire montre de bon sens et se demander : laquelle est la plus plausible ? S'il faut la foi pour choisir entre les deux, laquelle offre moins de risque à ma destinée ultime ? Seul « l'insensé dit en son cœur qu'il n'a pas de Dieu » (PSAUMES 14 : 1). Dans JÉRÉMIE 10 : 6-12, il est écrit : « Nul n'est semblable à toi ô Eternel ! Tu es grand, et ton nom est grand en force … C'est lui qui a fait la terre par sa puissance, qui a établi le monde par sa sagesse, et qui, par son intelligence, a étendu les cieux. »

L'univers, son agencement, ses dimensions, de l'infiniment petit à l'infiniment grand, la complexité et la richesse de la nature, la constance des lois qui régissent la création, indiquent notre dépendance d'un Être suprême. Tout cela devrait susciter notre admiration.

b.) La prééminence du mal dans notre société suggère la nécessité d'une force opposée qui est le bien.

Tout comme le pôle négatif s'oppose au pôle positif, les ténèbres à la lumière, le mal s'oppose au bien. Si le mal seul existe, alors pourquoi se plaint-on quand tout va mal ? Le bien serait l'effet du hasard et une déformation du mal. L'homme normal espère voir le bien. Il éprouve une satisfaction émotionnelle et physiologique profonde en faisant le bien. Le fait même de vouloir blâmer Dieu pour ce qui est mauvais trahit un désir tacite de la manifestation du bien. Or, qui sommes-nous pour déterminer les fondements de l'administration de Dieu ainsi que ses fonctions dans l'univers ? Dieu eut ainsi à demander à Job : « Où étais-tu quand je fondais la terre … ? » (JOB 38 : 4). « Prétends-tu sonder les pensées de Dieu, parvenir à la connaissance parfaite du Tout-Puissant ? » (JOB 11 : 7)

A. **La fidélité de Dieu et sa constance témoignent de son existence.**

Demain le soleil poindra à l'horizon. On ne peut pas garantir le degré de son rayonnement, mais tout le monde sait qu'à l'Est de tous les pays le soleil dira son bonjour. Peut-être que toi et moi ne vivrons pas nécessairement pour le voir, mais nous savons qu'il se lèvera. Il n'est point besoin de le prouver. Nous n'avons pas besoin non plus de certitude absolue pour croire en Dieu. Tout comme le soleil, le vent, le champ magnétique ou les radiations nucléaires … l'existence de Dieu ne dépend pas du genre humain.

Si un enfant décide que son père n'existe pas, celui-ci n'a aucune obligation de se révéler à lui. Par acquit de conscience, par éthique, ce père lui doit le nécessaire pour assurer sa survie jusqu'à ce qu'il soit capable de prendre ses décisions et d'assumer les conséquences de ses choix. Il en est de même pour Dieu. Il ne s'impose à personne. « Il fait lever son soleil sur les méchants et sur les bons, et il fait pleuvoir sur les justes et sur les injustes. » (MATTHIEU 5 : 45) La nature est un livre ouvert qui peut être lu et compris par tout un chacun, peu importe son quotient d'intelligence, sa langue, sa race, son âge, son sexe ou sa classe. Dieu est disposé à se révéler à chacun en particulier, tout comme ce père qui veut non seulement pourvoir aux besoins de base de son garçon ou de sa fille, mais aussi avoir une relation spéciale avec ses descendants. Même si un père a plusieurs enfants, il maintient une relation unique avec chacun d'eux. L'enfant doit croire en son père. Avec Dieu, il n'en va pas autrement. Il nous donne le nécessaire pour cette mince vie sur cette terre ; le reste dépend de nous. La relation avec Dieu est individuelle et progressive. Les résultats découlent de nos contacts avec le Créateur. **Il est pour chacun ce que chacun fait de Lui.**

Certains exemples de la Bible, certaines interventions ou non-interventions divines parfois nous choquent et nous plongent dans la perplexité. Cependant, si les réponses de Dieu à nos problèmes ne correspondent pas toujours à nos attentes, ne semblent pas à notre portée, c'est à cause de notre niveau de croissance spirituelle. Celle-ci, nous l'avons dit, ne se mesure pas à l'aune de notre quotient intellectuel ou de notre situation socioéconomique. Dieu prend plaisir à honorer les cœurs contrits et humiliés. Au-delà de ce paramètre, rappelons-nous que DIEU EST SOUVERAIN. Il a le droit de faire ce qu'il veut. Personne ne peut lui demander compte de ses actions. Il a toujours le contrôle des choses. « Je suis l'alpha et l'oméga, dit le Seigneur Dieu, celui qui est, qui était, et qui vient, le Tout-Puissant. »

(APOCALYPSE 1 : 8) Vous pouvez aussi consulter :
1 TIMOTHÉE 6 : 15, PSAUMES 83 : 19,
EPHÉSIENS 1 : 28 … Mais rassurons-nous : Il est juste,
Il veut notre bien. Il sait comment gérer sa toute-puissance. Aussi nous accorde-t-il souvent ce dont nous
avons besoin pour notre plein épanouissement.

B. Approche-toi de lui sans crainte

Dans le domaine religieux, deux types d'approche
sont de mise »

1. **La théologie rationnelle :** on accepte certaines
croyances qui relèvent de ses observations et ses intuitions, et à cause aussi de leur portée pratique ;

2. **La théologie révélée** puisée dans l'étude diligente
des Saintes Ecritures, la prière et l'humilité.

L'homme naturel débute souvent par la théologie
rationnelle. Mais il doit progresser pour passer à la
théologie révélée, dont la source unique vient de
l'enseignement des doctrines bibliques. Les étapes du
salut sont simples : reconnaître notre état de pécheurs,
accepter Jésus par la foi qui nous accorde le salut (la
justification) et permettre à Christ de continuer l'œuvre
entamée pour aboutir aux changements nécessaires
(la sanctification). La démarche rationnelle doit en
principe déboucher sur une relation normale entre Dieu
et nous, ses créatures. Dieu se révèle à toute sa création
par l'étendue, l'éclat et la magnificence de ses œuvres.
Et s'il ne force personne à l'accepter, il faut savoir
qu'un moment viendra où chacun devra lui rendre
des comptes.

C. Quand les actes de Dieu nous paraissent ‹ étranges ›

Comme vous, j'ai eu des moments de doute et de questionnement. Dans ces cas-là, je me suis adressé à lui directement. Je le crois toujours Souverain. Au lieu de parler de Dieu, je parle à Dieu. Au lieu de me plaindre de lui, je lui présente mes complaintes et je suis soulagé, **car même son silence est une forme de réponse à mes requêtes.** Job fit cette même expérience avant nous » « Mon oreille avait entendu parler de toi ; mais maintenant mon œil t'a vu. C'est pourquoi je me condamne et je me repens sur la poussière et sur la cendre. » (JOB 42 : 5, 6) Après ses mille et une complaintes, Dieu se révéla finalement à Job, pas pour s'expliquer, mais pour le questionner : « L'Eternel répondit à Job du milieu de la tempête et dit : ‹ Ceins tes reins comme un vaillant homme ; Je t'interrogerai, et tu m'instruiras … › » (JOB 40 : 1, 2). Si nous lisons le livre de Job dans la Bible, nous remarquerons que Dieu le rétablit et lui donna beaucoup plus de biens qu'il n'en avait auparavant. Mais Dieu ne lui expliqua pas la raison de ses péripéties.

Après une journée surchargée, accablé de fatigue, je rentrai chez moi pour me reposer. Je n'avais pas fini de me mettre au lit que le téléphone sonna. Mon interlocuteur m'apprit que l'un de mes cousins avait eu un accident. Il avait reçu un choc à la tête et se trouvait en salle d'urgence. J'étais très choqué. J'avais déjà plusieurs raisons qui me portaient à questionner le contrôle de Dieu sur la terre. Cette nouvelle fut le comble. Ce soir-là, je déraisonnai. Mille et une pensées peu honorables se disputaient la prééminence dans ma petite cervelle. Peu de temps après, j'appris que l'examen du cerveau de mon cousin avait révélé une tumeur en développement. N'eût été l'accident de voiture, on n'aurait pas pratiqué l'IRM (Imagerie par Résonance Magnétique) et on aurait découvert la tumeur trop tard. Mon cousin est un homme qui s'engage sur une autoroute bondée de véhicules deux fois par jour et cinq fois par semaine. Imaginez ce qui aurait pu se passer. Jéhovah ne nous doit aucune explication sur ses interventions dans notre vie. Il sait toujours ce qu'il fait, car il est parfait. Souvent, nous ne pouvons pas accepter les défaites, les mauvaises nouvelles, mais ce qui compte le plus, c'est notre attitude face à ces épreuves. Et notre attitude dans toutes les situations de la vie dépend de notre relation avec lui.

Une autre fois, mon fils qui avait à peine trois ans me réclama une bicyclette normale, sans les roues accessoires, afin de rouler dans les rues comme ‹ les grandes personnes ›, me répétait-il. Il me fit cette demande en maintes occasions, avec insistance. Je lui répondais toujours par la négative. Mais il ne pouvait même pas comprendre mes explications à cause de son manque de maturité. Naturellement il eut sa bicyclette quand il était en mesure de s'en servir.

Nos perspectives sont limitées, nos visions bornées. Il y a toujours un mur qui nous empêche de voir de l'autre côté ; en un mot, ce qui se dessine á l'horizon de notre existence. Un jour, avec Job, nous aurons la réponse à toutes nos questions. La félicité éternelle nous fera oublier toutes nos épreuves. En attendant, faisons-lui confiance. Saint Paul, l'un des plus grands intellectuels de son temps, fut un croyant fervent. Il explique dans 1 CORINTHIENS 13 : 9 que les connaissances de l'homme, tout comme ses prophéties, sont partielles, jusqu'au moment où ce qui est parfait sera instauré. Souffrez que je vous soumette un autre exemple de mes limites au point de vue spirituel.

D. La foi : un cheminement intime et personnel avec Dieu

La vie de famille est un voyage plein de rebondissements. Tout le monde peut se souvenir d'un certain nombre de défis qui ont marqué sa vie. Pour ma part, je me rappelle encore la seconde grossesse de ma femme. Comme la première, celle-ci était très difficile et classée parmi celles dites ‹ à risque élevé ›, de diabète gestationnel et présentait divers symptômes de ‹ pré-éclampsie ›. Mon épouse devait être suivie par un endocrinologue et un des meilleurs gynéco-obstétriciens qui soient. L'obstétricien, qui se trouvait à Manhattan, possédait une clinique dotée de tout le matériel nécessaire, l'idéal, s'il ne lui manquait un cœur et un brin de compréhension. En raison de l'état de ma femme, il était évident qu'elle ne pouvait pas continuer à travailler. Dès le début, on aurait dû faire les démarches nécessaires auprès de la compagnie d'assurance médicale en cas d'invalidité. Mais à cause des multiples tâches de la nouvelle parentalité (le premier-né était prématuré, le deuxième enfant arrivait à seulement quelques mois d'intervalle, je fréquentais encore l'école de médecine …), nous ne pûmes déposer le formulaire dans les délais impartis. Nos démarches furent donc rejetées ; ce qui fut, sur le plan financier, un coup très dur pour notre famille. Où allions-nous trouver l'argent pour survivre, et payer le spécialiste pour les soins médicaux ? Malgré nos soucis, nous continuâmes néanmoins à fréquenter la clinique. À la fin de la 4e visite mensuelle, l'infirmière-réceptionniste m'interpella à haute voix, en présence de tous les autres patients : « M. François, il est temps de payer le

médecin pour l'accouchement de votre femme. Si vous
ne pouvez pas venir avec au moins 2/3 de l'argent à la
prochaine visite, le médecin ne va pas continuer à voir
votre épouse. » Imaginez mon embarras en présence de
toutes ces dames enceintes. Tous les yeux etaient bra-
qués sur ma pauvre femme et moi. J'étais sous le choc.
J'aurais voulu creuser un trou pour y être enterré. Je ne
sais pas comment nous avions trouvé la force pour sortir
du bureau ce jour-là. Nous nous engageames sur le chemin du retour sans échanger un mot audible. Ce n'était
pas nécessaire. Nous savions que c'était notre moment
de composer le ‹ 911 de la foi ›, nous avions désespéré-
ment besoin d'un miracle. Une fois rentrés, nous avions
prié et je laissai la maison sans savoir où j'allais.

A mon retour, je pris quelques enveloppes dans la
boîte aux lettres et les présentai à ma femme qui était
déjà ‹ alitée ›. Elle y jeta un coup d'œil rapide, puis
déposa ces lettres avec dédain sur sa coiffeuse et se
recoucha. Une semaine passa, nous ne cessions de nous
creuser le cerveau pour savoir où nous allions trouver
l'argent afin de retourner chez le médecin. Nous avions continué à discuter, à chercher, à prier, mais nous
restions désemparés. Pas un seul signe de délivrance.
Pendant le week-end, ma belle-mère décida de nettoyer
la maison. Elle interrogea ma femme sur la teneur de
ces enveloppes abandonnées sur la coiffeuse. Ma femme
lui dit de s'en débarrasser. Mais sa mère eut la rare curiosité de les ouvrir. Devinez ce qui s'y trouvait ? Dans
l'une des enveloppes provenant de la même compagnie
d'assurance qui avait auparavant rejeté la demande
d'invalidité de mon épouse, il y avait un chèque. Et
de combien était le montant ? Exactement la somme
nécessaire pour payer le médecin. En fait, en déclinant

notre demande au début, la compagnie d'assurance, sans le vouloir, n'avait fait qu'accumuler la prime qui nous était due pour l'incapacité physique de ma femme. Si elle l'avait envoyée mensuellement comme prévu, nous aurions dépensé l'argent et nous n'aurions pas eu la somme requise pour payer l'obstétricien. La semaine suivante, nous étions très fiers de revenir à la clinique et de lancer à l'infirmière, aussi fort que nous le pouvions : « Voici le chèque avec le montant complet pour le docteur ! »

Était-ce une coïncidence ou une intervention divine ? J'ai ma conviction intime, quelle est la tienne cher lecteur, chère lectrice ? La Bible déclare : « Quand l'Eternel approuve les voies d'un homme, il dispose favorablement à son égard même ses ennemis. » (PROVERBES 16 : 7) Approuver la voie d'un homme est une grâce et non la conséquence de ses propres mérites. A travers Jésus, le Créateur comprend tout : nos déceptions, nos douleurs, nos inquiétudes, nos peurs, nos mauvais traitements, l'humiliation, et même la mort … Si Dieu demeure tout puissant, il nous aime éternellement. Les difficultés, les problèmes pour lesquels nous blâmons le Créateur, non seulement ne sont pas causés par lui, mais souvent il les permet pour notre développement et notre épanouissement spirituel. Hélas, que de fois ne répondons-nous que par des murmures, des frustrations, des accusations et des blasphèmes ! Nous devons apprendre à gérer nos émotions.

E. Un appel personnel

Oui, cher(e) bien-aimé(e), fais l'inventaire de ta vie. N'y vois tu pas Dieu ? Sans doute au moment où tu lis ces pages, souffres-tu d'une maladie quelconque, traverses-tu un moment difficile, as-tu des questions brûlantes pour lesquelles tu n'as pas de réponses. Le Créateur, lui, a les réponses : « Je connais les projets que j'ai formés sur vous, dit l'Eternel, projets de paix et non de malheur, afin de vous donner un avenir et de l'espérance. » (JÉRÉMIE 29 : 11).

Mon ami(e), peut-être ne crois-tu pas en Dieu. Peut-être les épreuves et les tribulations ont-elles affaibli ta foi, ton genre de vie t'a-t-elle séparé de lui … quelle que soit la raison, je t'invite à être sincère avec toi-même. Ne risque pas ta destinée éternelle sur une simple probabilité. C'est le moment pour toi de t'adresser à lui. Je t'assure qu'il va faire un miracle et se révéler à toi d'une façon ou d'une autre. Aie confiance en Dieu. Tu peux même lire ce modèle de dialogue avec l'être suprême : « O Dieu, dans mes paroles, mes pensées, ou mes actions, je vis dans le questionnement. Viens en ce moment te révéler à moi personnellement. Comme tu m'aimes, révèle-moi ton amour. Amen ! »

Vue Synoptique Sur La Notion De Religion

Définition de la religion.

Au sens étymologique, le mot religion dérive de ‹ religio › en latin et signifie ‹ attention scrupuleuse, vénération, obligation › ; ou encore de ‹ relegere, religere › : recueillir, rassembler, ramasser, présenter un culte révérencieusement. La religion est l'ensemble des croyances, valeurs, opinions et attitudes de l'homme vis-à-vis de l'existence, de la nature et l'adoration d'êtres surnaturels dont dépend son existence et auxquels il doit vénération. Toute religion tient compte d'un être ou d'un principe supérieur, de la créature et du credo. Dans le credo, on peut inclure, les lois et les préceptes de la religion aussi bien que les rites et les coutumes d'appartenance.

Les religions et leurs origines.

La cause et la genèse de la religion ne sont pas unanimement acceptées. La religion primitive semble s'enraciner dans des défis, des circonstances et des illusions humaines. Les hommes primitifs idolâtraient tout ce qu'ils ne pouvaient cerner. Ils traduisaient leurs inquiétudes en adorant les pierres, les animaux, les corps célestes, les collines, les montagnes, les plantes, les arbres, les différents éléments de la nature … À travers les siècles, la pulsion d'adoration s'est manifestée partout de différentes manières. Le débat se poursuit quant à l'origine monothéiste ou polythéiste de la religion. Laissons le soin aux spécialistes contemporains de continuer la discussion déjà entamée par une liste imposante de belles têtes tels que : Platon, Aristote, Socrate, Protagoras, Galilée, Saint Thomas d'Aquin, Descartes, Kant, Auguste Comte, Pascal, Durkheim, Nietzsche, Marx, Weber … L'essentiel est de savoir que toute société — quelles que soient sa position géographique, sa sphère d'influence et sa culture — a sa religion. Sur le plan individuel, chacun a ses valeurs, ses croyances ou sa forme de religiosité. Parmi les religions les plus répandues, nous nous permettrons de signaler sommairement :

Aperçu des diverses religions.

1.   Les religions païennes, que d'aucuns expliquent par le sentiment cultuel inné chez l'homme. Certains croient que les croyances païennes sont issues de la tendance innée chez l'homme d'adorer. L'expression ‹ religions païennes › signifie ici une série de pratiques spirituelles, de traditions religieuses basées sur les divinités, les objets, les superstitions, la nature, les attributs magiques de différentes choses avec un point commun : la pluralité des sources de culte, de nombreux dieux et des objets de culte.

2.   Les religions polythéistes, qui reconnaissent l'existence de plusieurs dieux :

> *a.*   L'Hindouisme affirme la notion du ‹ soi cosmique › où l'être humain fait partie du grand tout, impersonnel. On y trouve une multitude de divinités.

> *b.*   Le Bouddhisme qui croit que l'univers a évolué. Les dieux sont temporels et que le but ultime de l'existence consiste à éradiquer la haine, l'erreur et le désir.

c. Les spiritualités de type ‹ Nouvel Age ›, croient que nous sommes nos propres dieux, que nous avons Dieu en nous ; nous sommes des dieux : le Panthéisme.

3. Les religions monothéistes, qui croient en un seul Dieu, créateur de l'univers.

a. Le Judaïsme où Yahvé, le Dieu unique, s'est révélé à ses serviteurs, les Patriarches et les Prophètes, pour faire connaître sa volonté à son peuple choisi : les juifs, qui attendent encore la venue d'un Messie ;

b. L'Islam où Allah s'est choisi Muhammad pour lui révéler sa volonté.

c. Le Christianisme : Dieu s'est fait homme en la personne de son fils — Jésus-Christ afin de révéler son amour pour la race humaine au point de mourir à sa place en vue d'expier son péché. Même au sein du christianisme, nous avons les orthodoxes, les anglicans, et le protestantisme qui, à son tour, compte plusieurs subdivisions dont la plupart n'aiment pas être classées parmi les protestants et les sectes.

4. Certaines religions sont directement liées à la culture de la population. Exemples : la chine (Bouddhisme, Taoïsme, Confucianisme, etc.), la Perse (Islam), le Japon (Shintoïsme) et l'Inde (Hindouisme).

Le christianisme.

Puisque nous vivons dans une culture généralement reconnue comme chrétienne, l'ouvrage s'adresse en particulier aux croyants du Christianisme, dont l'auteur authentique est Jésus Christ. Pour l'histoire, il convient de souligner que, durant son passage sur cette terre, Jésus Christ n'a pas formé une religion spécifique. Le message qu'il tenait à propager était simple : Par la désobéissance, le genre humain était séparé du Dieu Créateur qui est immaculé. Le Fils éternel est venu dans ce monde pour racheter l'humanité et la réconcilier avec le ciel. Il s'est offert en rançon pour le salut du monde. Il le déclare dans Luc 19 : 10 : « Le Fils de l'homme est venu chercher et sauver ce qui était perdu. »

Le Christianisme en survol

Pour respecter le contexte historique du christianisme, il faut savoir qu'il est issu du judaïsme. En effet, Jésus Christ lui-même a vécu comme juif. Son lieu de naissance, sa mère, son nom, sa carrière, son sort ultime, suivi de son triomphe après sa crucifixion, tout cela avait été prédit. Michée 5 : 1 « Et toi, Bethléem Éphrata, Petite entre les milliers de Juda, De toi sortira pour moi Celui qui dominera sur Israël, Et dont l'origine remonte aux temps anciens, aux jours de l'éternité. »

Esaïe 9 : 5 « Car un enfant nous est né, un fils nous est donné, Et la domination reposera sur son épaule ; On l'appellera Admirable, Conseiller, Dieu puissant, Père éternel, Prince de la paix » : Esaïe 35 : 4 « Dites à ceux qui ont le cœur troublé : Prenez courage, ne craignez point ; Voici votre Dieu, la vengeance viendra, La rétribution de Dieu ; Il viendra lui-même, et vous sauvera. »

Esaïe 53 : 12 « C'est pourquoi je lui donnerai sa part avec les grands ; Il partagera le butin avec les puissants, Parce qu'il s'est livré lui-même à la mort, Et qu'il a été mis au nombre des malfaiteurs, Parce qu'il a porté les péchés de beaucoup d'hommes, Et qu'il a intercédé pour les coupables. » PSAUMES 22 : 17 «Car des chiens m'environnent, Une bande de scélérats rôdent autour de moi, Ils ont percé mes mains et mes pieds. » PSAUMES 16 : 10 « Car tu ne livreras pas mon âme au séjour des morts, Tu ne permettras pas que ton bien-aimé voie la corruption. »

Le Credo du christianisme.

Le christianisme croit en un Dieu unique qui se manifeste de façon progressive suivant le lieu, le temps et les circonstances. Mais ses principes demeurent éternellement. Il a tout créé pour sa gloire. Il a tout fait aussi pour rendre l'homme heureux. Il a créé l'homme avec la liberté de choisir le meilleur, et le pire. Quand, dans le jardin d'Eden, l'homme opta pour le pire en lui désobéissant, le Créateur décida, dans son grand amour, de le racheter en envoyant son fils unique subir les conséquences de la désobéissance humaine, lui accorder l'absolution et l'accès à la vie éternelle. « C'est par grâce que nous sommes sauvés, par le moyen de la foi et cela ne vient pas de nous. C'est un don de Dieu. » (EPHÉSIENS 2 : 8, 9) « Nul ne sera justifié par les œuvres de la loi. » (ROMAINS 3 : 20) Bien avant la venue de Jésus Christ sur cette terre pour nous sauver, des hommes comme Noé et Abraham trouvèrent grâce aux yeux de Dieu (ROMAINS 4 : 3). L'idée pour l'homme de pouvoir se sauver par ses actes n'a jamais été biblique. Elle est d'origine païenne et s'est probablement infiltrée dans le christianisme, plus particulièrement après la conversion massive des païens au christianisme suite à l'édit de Constantin à partir du Ve siècle. L'homme naturel est livré à lui-même et condamné à la destruction. Mais le sacrifice du calvaire lui donne accès à la vie éternelle. Toutefois, après avoir répondu à l'appel, le chrétien doit changer sa manière de vivre. Il est sauvé par la grâce, par la foi, il doit se résoudre à professer cette foi en marchant dans la voie nouvelle. Chemin faisant, s'il lui arrive de broncher, voire de tomber ici et là, qu'il sache que son nouvel engagement est une expérience quotidienne. Elle se solidifie au fur et à mesure du cheminement avec Dieu qui honore toujours son engagement en fortifiant la volonté humaine, au point où le péché devient un accident que le chrétien ne peut plus prendre plaisir à commettre. Car, après avoir été absous, il doit changer de vie. Il doit prendre la résolution de chercher à plaire à son Créateur, le Rédempteur béni qui lui prépare l'Eden restaurée où le plan initial sera rétabli pour que l'homme vive en harmonie parfaite avec son créateur. Là où il n'y aura plus de souffrances, de maladies ou de mortalité. Le point le plus important du christianisme authentique consiste à soigner ses relations avec Dieu puis avec son prochain.

Le Christianisme à travers les âges.

Celui ou celle qui arrive à suivre l'historique et la théologie du christianisme n'aura pas de difficultés à se laisser convaincre que Dieu en est l'auteur. Seul Dieu mérite l'adoration. Plus de 2 000 ans après la fondation du christianisme, la même pratique se poursuit. Certes, il a connu des moments de trouble à travers les âges, mais sa propagation et sa conservation demeurent fermes. Il a survécu à tous ceux qui avaient prédit son anéantissement. Le sang des Martyrs a servi à sa prospérité et à sa pérennité. Comment le christianisme a-t-il pu se conserver et se propager ? Jésus a eu recours à la nature même de l'homme, un être sociable, qui évolue au sein d'une communauté. Quand un groupe d'individus décident de s'entraider en partageant les mêmes objectifs, le même idéal et les mêmes croyances, rien ne peut entraver son succès. Il en est de même sur le plan spirituel Voici donc, en vrac, comment le concept d'‹ assemblée chrétienne › s'est développé.

Il Convient de signaler l'importance de son environnement sur sa croissance à tous égards, notamment sa croissance spirituelle. Tout compte fait, le modèle ultime à suivre est Jésus-Christ. Le christianisme authentique, ou la religion en général subit l'influence de ses adeptes et ses dirigeants. S'il faut paraphraser un auteur, je dirai : « mon église était parfaite jusqu'à mon admission comme membre d'une telle assemblée. » J'invite chaque croyant à se méfier des églises, ou organisations confessionnelles qui réclament une soumission aveugle sous prétexte de pouvoir mieux apprendre et prouver son appartenance. Seul Dieu mérite notre allégeance et notre obéissance inconditionnelle. Seule la vérité procure le pouvoir, et impose l'obéissance et le respect.

.

L'Église à Travers l'Ancien Testament

Pour mieux saisir la relation entre Dieu, l'homme et l'église, il faut se référer aux premiers chapitres de Genèse qui nous décrit la situation initiale : « Dieu créa l'homme à son image et selon sa ressemblance. » (Genèse 1 : 26) Plus loin, au verset 31, nous lisons : « Tout était très bon. »

a.) Genèse 3:8, 9 déclare que « la voix de l'Eternel parcourait le jardin vers le soir. » On peut se demander pourquoi. La réponse la plus plausible traduit au moins un minimum d'attachement du Créateur envers ses créatures. Il veut s'entretenir avec le couple. Imaginons le Roi des rois, celui que les cieux des cieux ne peuvent contenir, se réduisant au niveau d'Adam et d'Eve et les recevant comme ses invités spéciaux, s'entretenant avec eux. Un soir, le Seigneur se rendit, comme à l'accoutumée, au jardin, au même endroit et à la même heure pour le tête-à-tête espéré. Mais cette fois-là, le couple n'était pas prêt à le recevoir. Adam et Eve allèrent se cacher. Le texte continue : « Mais l'Eternel Dieu appela l'homme et lui dit : où es tu ? » (Genèse 3 : 9).

Pensez-vous qu'Adam et Eve puissent se cacher devant celui pour qui ‹ tout est à nu et à découvert › ? Cette question, ‹ où es-tu ? ›, posée à Adam sera reprise sous une autre forme à Moïse : ‹ Qu'as-tu entre tes mains ? › ou à Elie : ‹ Que fais tu ici ? › C'est cette même voix qui criera plus tard en Matthieu 11 : 28 : « Venez à moi vous tous qui êtes fatigués et chargés et je vous donnerai du repos. » Ou encore : « Jérusalem,

Jérusalem qui tue les prophètes … combien de fois j'ai voulu te rassembler comme une poule qui rassemble ses poussins … mais vous ne l'avez pas voulu. » (MATTHIEU 23 : 37) Oui, elle exprime l'amour, le désir de convaincre l'homme que son Créateur cherche un rapport cordial, un dialogue amical. A la lumière de ces versets, nous pouvons conclure que Dieu a créé l'homme pour s'entretenir avec lui. Il veut l'instruire, diriger sa vie vers la félicité éternelle, mais il n'entend jamais lui enlever son droit de le choisir librement.

Dans GENÈSE 4 : 9, Dieu dit à Caïn : « où est ton frère Abel ? » Une fois de plus nous voyons un Père qui se soucie du bien-être et des actions de ses enfants. Il leur conseille d'éviter le mal et de choisir le bien sans pour autant violenter leur liberté.

b.) Dans GENÈSE 6 : 5 : « l'Eternel vit que la méchanceté des hommes était grande sur la terre, et que toutes les pensées de leurs cœurs se portaient chaque jour uniquement vers le mal. » (GENÈSE 6 : 5). Or Dieu et le mal ne cohabitent pas. Aussi quand l'homme a opté pour le mal, il a automatiquement rejeté Dieu qui l'a laissé, par respect de sa liberté, faire son expérience. En GENÈSE 6 : 6, il est rapporté que « l'Eternel se repentit d'avoir fait l'homme sur la terre, et il fut affligé en son cœur ». Encore des paroles qui placent Dieu à la dimension humaine pour nous permettre de saisir son amour. C'est la même affliction qu'éprouve un parent quand il voit son fils, sa fille abandonner les avantages de la maison, la famille pour obéir et suivre les conseils d'amis qui ne visent pas vraiment leur bonheur. Pour s'être obstiné à poursuivre le mal, ce qui ne pouvait qu'irriter le Créateur, l'homme connut l'expérience du déluge. GENÈSE 8 : 20 nous apprend qu'après ce déluge,

Noé bâtit un autel à l'Eternel, et cela lui fit grand plaisir. Dieu dit qu'il ne détruira plus l'homme par le déluge.

c.) GENÈSE 12 nous révèle un Dieu qui n'abandonne pas le projet de partager la compagnie et l'amitié de l'homme. Cette fois-ci, on le voit s'adresser à Abram. En lisant GENÈSE 12 : 7, 8 et GENÈSE 13 : 4, on remarquera qu'Abram ne suivit pas sa culture, les coutumes de son pays, et préféra écouter la voix du Créateur. Chaque fois que l'Eternel entrait en communication avec lui – que ce soit à Sichem ou à Béthel ou parmi les chênes de Mamoré, près d'Hébron … — Abram lui dressait un autel et invoquait son nom. Quand il rencontra Melchisédech, roi de Salem, sacrificateur du Très-Haut (GENÈSE 14 : 20), Abram lui donna la dîme de tout. En GENÈSE 15, Dieu promit à Abram de lui accorder à lui et à ses descendants la possession du pays de Canaan. Au verset 13 de GENÈSE 15, Dieu eut le soin de dire à Abram qu'à cause de la méchanceté humaine, ses descendants allaient être asservis pendant quatre cents ans.

d.) La Bible nous révèle qu'au temps marqué, Dieu suscita Moïse qui intima l'ordre à Pharaon de laisser partir son peuple. Pharaon résista, mais après les dix plaies, y compris la mort de son fils aîné, qui s'abattirent sur l'Egypte, Pharaon dut céder et laisser partir les descendants d'Abraham, comme Dieu l'avait promis. Toute une série d'événements viendra marquer le périple vers la Terre promise. Après le passage de la Mer Rouge à pieds secs, Moïse et les enfants d'Israël chantèrent un cantique à l'Eternel (Exode 15). En Exode 20, l'Eternel promulgua sa loi pour enseigner au peuple comment le servir. En Exode 25 : 8, il déclara : « Ils me feront un sanctuaire, et j'habiterai au milieu d'eux. » Puis

Dieu eut soin (Exode 25, 26, 31) de prodiguer tous les détails pour la construction et le fonctionnement du tabernacle : l'arche, le chandelier, ceux qui devaient y officier, le choix des sacrificateurs, les sacrifices en son honneur, les offrandes, etc. Tout était dicté par Jéhovah. En Exode 40 : 38, on peut lire : « La nuée de l'Eternel était de jour sur le tabernacle ; et de nuit, il y avait un feu aux yeux de toute la maison d'Israël pendant toute leur marche … ».

L'on devrait se poser la question : pourquoi Dieu s'est-il donné tant de tracas pour partager la compagnie des humains en dépit de leurs désobéissances, de leurs lacunes ? La réponse est simple : il les aime. « De loin, l'Eternel se montre à moi : je t'aime d'un amour eternel ; c'est pourquoi je te conserve ma bonté. » (Jérémie 31 : 3) Il tenait à accomplir la promesse faite à **Abram**, devenu **Abraham**, qui lui était resté fidèle dans les limites de ses possibilités. Mieux encore, Dieu maintenait son principe fondamental à savoir : l'homme a été créé pour sa gloire. Aucun être créé ne peut exister en dehors de son Créateur. En retour, Dieu ne réclame qu'une chose : **être adoré et obéi**. Il le mérite, par droit de création et de rédemption, et à cause de la promesse de salut éternel. L'homme peut d'ailleurs utiliser sa liberté et se créer son propre dieu, comme quand il choisit sciemment d'exister en dehors de ses relations avec son Créateur. Mais tout ce que la créature préfère à son Créateur : sa propre vie, son partenaire, sa progéniture, ses parents, sa famille, ses amis, ses biens, son emploi, son argent, ses vacances, ses plaisirs … ne fait que montrer son ingratitude à l'égard de celui-ci. Le Créateur, pour sa part, ne cesse de lui témoigner son amour, car son seul but est de rendre sa créature heureuse. Depuis la création, il a tenu à partager la compagnie des humains, à être parmi eux dans le tabernacle, non pas en raison de leurs mérites personnels, mais de sa grande bonté. Un Dieu que l'univers entier ne peut contenir, le voilà qui, par son omniprésence et le don de son amour, réserve un temps spécial pour ce groupe d'esclaves : les Israélites.

Selon LÉVITIQUE 23, Le Très-Haut se donna la peine de décrire les offrandes et les sacrifices, les fêtes et les convocations. Quant au livre des Nombres, n'en parlons pas ! On y trouve :

La fonction et le dénombrement des Lévites en NOMBRE 4 :48, dans NOMBRE 7 : Les offrandes des chefs des tribus pour la dédicace du tabernacle. Dans NOMBRES 8 : La consécration des Lévites ; dans NOMBRES 35 : les villes lévitiques, etc. Le livre de Deutéronome contient des recommandations du même genre. Dans DEUTÉRONOME 8 :17, 18 se trouvent les avertissements, les mises en garde pour ne pas oublier l'Eternel et se croire être l'auteur de son succès. D'après Deutéronome 14, 16, Les instructions se succèdent pour ne pas s'engager dans des pratiques pernicieuses qui forceraient l'Eternel à abandonner le peuple. En DEUTÉRONOME 32, on y lit le Cantique de Moise. Dans DEUTÉRONOME 33, Moise bénit les enfants d'Israël avant sa mort. Dans DEUTÉRONOME 34 Moise est mort sur le mont Nébo dans le pays de Moab, âgé de 120 ans, en pleine santé. L'Eternel l'enterra dans la vallée, au pays de Moab. Il n'abandonna point son peuple.

e.) Avant la mort de Moise, Yahvé révéla à Moise qui choisir comme son successeur et procéda à la passation du pouvoir à Josué. **Josué** prit la relève et partit pour la conquête du pays de Canaan, le passage du Jourdain, et l'assujettissement de Jéricho. En JOSUÉ 8 : 30, après la prise de Jéricho, Josué bâtit un autel à l'Eternel sur le mont Ebal. Si nous prenons notre temps pour scruter la Bible, nous remarquerons que plus de 400 autels ont été bâtis dans l'Ancien Testament en l'honneur de l'Eternel. L'homme normal est fait pour adorer Dieu, son Créateur.

f.) **Après Josué**, pendant toute l'existence du peuple d'Israël avec les Juges, les sacrificateurs et les prophètes, Dieu était toujours présent au milieu de ses enfants, malgré leurs imperfections.

g.) **Dans 1 SAMUEL 8** les Israélites demandèrent un roi à Samuel. Ils voulurent imiter l'exemple des autres peuples qui les entouraient. Ils étaient fatigués du régime théocratique. Aux versets 7 et 8 de 1 SAMUEL 8, **« L'Eternel dit à Samuel : Ecoute la voix du peuple dans tout ce qu'il te dira ; car ce n'est pas toi qu'ils rejettent, c'est moi qu'ils rejettent, afin que je ne règne plus sur eux. Ils agissent à ton égard comme ils ont toujours agi depuis que je les ai fait monter d'Egypte jusqu'à ce jour ; ils m'ont abandonné, pour servir d'autres dieux. »**

L'Eternel permit au Prophète Samuel de choisir Saul comme le premier roi d'Israël. Puis son successeur, David. Une fois devenu roi, David fit transporter l'arche, selon 2 SAMUEL 6 : 1, 2.

« David rassembla encore toute l'élite d'Israël, au nombre de 30,000 hommes. David, avec tout le peuple qui était auprès de lui, se mit en marche pour transporter l'arche de Dieu, devant laquelle est invoqué le nom de l'Eternel des armées qui réside entre les chérubins au-dessus de l'arche.»

David voulut bâtir un temple pour l'Eternel (2 SAMUEL 7 :1-12).

Que répondit le Roi des rois à David ? Oui, pas toi, David, mais ton fils, Salomon, selon 2 SAMUEL 7 :13. David transmit les directives et fournit le matériel nécessaire pour la construction de ce temple par son fils Salomon. 1 Rois 6 nous décrit la construction du temple. En 1 ROIS 9 : 3, c'est le récit de la dédicace. « Et L'Eternel dit à Salomon, j'exauce ta prière et ta supplication que tu m'as adressées, je sanctifie cette maison que tu as bâtie pour y mettre à jamais mon nom, et j'aurai toujours là mes yeux et mon cœur ». Pour mieux saisir l'intervention divine, veuillez lire la prière de Salomon en 1 ROIS chapitre 8. Malgré tout, à travers toute son histoire, le peuple continua à se rebel-ler contre Dieu. Il dut en payer les conséquences par des fléaux tels : la captivité, la maladie, les calamités, la mortalité, et la destruction du temple. Pourtant, Le Père tout- puissant n'abandonna jamais le projet de partager la compagnie des humains. Il resta sensible aux prières de ceux qui lui étaient fidèles tant individuellement qu'en groupe. Je cite pour preuves, les prières de Daniel et de ses compagnons ; la sollicitude divine auprès de Joseph trahi et vendu par ses frères, etc. C'est David qui dira au PSAUMES 34 :7 « Quand un malheureux crie, l'Eternel entend, et il le sauve de toutes ses détresses. » Ou encore : « Je suis dans la joie quand on me dit : allons à la maison de l'Eternel ! » PSAUMES 122 : 1, ou « Je voudrais habiter toute ma vie dans la maison de L'Eternel » (PSAUMES 27 :4). Vous pouvez aussi lire PSAUMES 23 : 6, PSAUMES 84 : 5, etc.

En résumé, il convient de signaler dans l'Ancien Testament l'établissement, sur une période assez vaste, de sept églises majeures.

1. Dans la première église, Dieu est lui-même le Pasteur, les fidèles sont Adam et Eve.

2. La seconde époque s'étend du temps d'Hénoch jusqu'à celui de Noé, les hommes de cette période représentent la deuxième Eglise.

3. À la troisième époque, Dieu va à la recherche d'Abram, change son nom en Abraham et promet de faire de lui le père d'une grande nation. La rencontre de Dieu avec Abraham représente la 3e église de Jéhovah sur la Terre. C'est l'église de Dieu avec les Patriarches.

4. À la quatrième époque, nous voyons le Créateur s'adresser à Moïse, le convaincre de partir avec son frère Aaron délivrer le peuple Israël de l'esclavage d'Egypte. Le ministère de Moïse en faveur du peuple Israël prend fin à l'entrée de Canaan. Ce qui représente la 4e église, l'église du désert.

5. La cinquième époque commence avec Josué, qui doit emmener le peuple du désert vers la Terre promise où coulent le lait et le miel. C'est la 5e Eglise, l'église de Canaan.

6. La sixième époque se situe au temps des Juges, des Sacrificateurs et des Prophètes. C'est le régime théocratique ou la 6e église

7. La septième époque accuse la fin du règne théocratique. Cette monarchie illustrée par la construction du temple de Salomon marquera l'apogée de l'histoire du peuple Israël. Cette période sera aussi marquée par le

rejet officiel du Messie, se soldera par la destruction du temple, la captivité et la dispersion des Juifs à travers la Terre.

Parallèle avec les sept églises de l'Apocalypse.

De même que les 12 Apôtres peuvent représenter les 12 tribus d'Israël (MATTHIEU 19 : 28, LUC 22 : 30), il vaut la peine de se demander si ces sept grandes périodes de l'histoire de l'église de l'Ancien Testament ne se sont pas reproduites dans le **Nouveau Testament**, plus précisément dans Apocalypse 1,2. En effet, les deux premiers chapitres du livre d'Apocalypse présentent les sept églises de l'ère chrétienne — après le passage de Jésus-Christ sur cette terre — ainsi que leurs caractéristiques, leurs luttes, leurs défis, leurs faiblesses et leurs victoires. Signalons que ces sept églises n'accusent pas l'existence de sept églises séparées et indépendantes, mais plutôt la continuation de l'Église universelle à des dates différentes dans l'histoire. Ainsi nous sommes en mesure de déclarer que l'Eglise a commencé au Jardin d'Eden avec Dieu comme Pasteur, et Adam et Eve comme membres. À travers les âges, elle a fait sa course, poursuivi sa mission qui devra aboutir à l'Eglise Universelle quand Jésus lui-même, une fois de plus, deviendra l'ultime professeur, Le Pasteur de tous les sauvés dans l'Eden restaurée !

L'Église à Travers le Nouveau Testament

Jésus établit les bases de son Eglise.

La naissance du Messie et l'instauration de l'ère chrétienne inaugurent le Nouveau Testament. Jésus-Christ est présenté au temple d'après Luc 2 : 21-24. Il s'y rend régulièrement (Marc 1 : 21 ; 6 : 1-6 ; Marc 11 : 27 ; 12 : 35-37, 41-44. On l'y voit à l'âge de 12ans (Luc 2 : 41-52). En Luc 4 : 14, il enseigne dans les synagogues ; au verset 16, il agit selon sa coutume, ce qu'il continue de faire d'après Luc 4 : 31-37. Plus loin (Jean 2 : 13-17), il chasse les vendeurs du temple : « Ma maison sera appelée une maison de prière. Mais vous, vous en faites une caverne de voleurs. » Il procède à la guérison des aveugles et des boiteux dans le temple, selon Matthieu 21 : 10-17, 23.

A partir de là, Jésus apportera sans bruit ni trompette certains changements dans l'attitude des fidèles envers le temple. L'histoire du peuple, si éloquemment illustrée par le Temple de Salomon, accordait à l'édifice, au bâtiment une importance capitale. Le Tabernacle, le Sanctuaire traduisaient la présence de Dieu parmi ses enfants. Même dans le désert, Dieu occupait un point central et les différentes tribus étaient placées autour de la maison temporaire du Seigneur. Le peuple avait ainsi l'habitude de se tourner vers le temple pour tout. Mais remarquons la transition subtile opérée par Jésus.

En Matthieu 24, les disciples veulent lui montrer la splendeur, la beauté de la construction. Il répond : « Il ne restera pierre sur pierre qui ne sera renversée. »

Quand la femme Samaritaine lui parle des lieux d'adoration, il déclare, en JEAN 4 : 21-23 : « L'heure vient où ce ne sera ni sur cette montagne, ni à Jérusalem que vous adorerez le Père … L'heure vient, et elle est déjà venue, où les vrais adorateurs adoreront le père en esprit et en vérité ; car ce sont la les adorateurs que le Père demande. »

Ces déclarations annoncent un changement capital. Le temple n'est plus nécessairement un édifice physique. Les juifs avaient perdu de vue la leçon principale à savoir que Dieu voulait être parmi eux. La différence ne réside pas dans la quantité d'adorateurs, ou la somptuosité du bâtiment où Dieu est adoré. Il s'agit plutôt de la qualité de nos relations avec le Créateur, comme il l'avait lui-même initié dans le Jardin d'Eden. Le but de l'église, c'est d'aider les gens à adorer Dieu. L'emphase, le point de mire a toujours été et doit demeurer Dieu habitant en nous et parmi nous. L'apôtre Paul dira plus tard : « Ne savez-vous pas que votre corps est le temple du Saint Esprit ? » (1 CORINTHIENS 6 : 19). COLOSSIENS 1 : 27 déclare : « Christ en vous, l'espérance de la gloire. » Jésus, pour éviter toute confusion et pour rétablir l'équilibre, déclare en MATTHIEU 18 : 15-20 : « Là où deux ou trois se réunissent en mon nom, je suis au milieu d'eux. » Ce sont des adorateurs qui se réunissent en cellules, d'un même accord, en vue d'adorer Dieu. C'est l'église locale, dont le souci majeur est le bien être spirituel de ses membres. Elle veut offrir un bouquet d'adoration dont le parfum monte vers Dieu dans l'unité et l'harmonie.

En MATTHIEU 16 : 18, Jésus déclare : « Sur cette pierre, je bâtirai mon église … ». Mieux que toute autre personne, saint Pierre peut dire quelle est cette pierre dont Jésus parle. Il répond ainsi dans 1 PIERRE 2 : 4 : « Approchez-vous de lui, pierre vivante, rejetée par les hommes, mais choisie et précieuse devant Dieu. » Et son homologue Paul de surenchérir dans EPHÉSIENS 2 : 20 : « Jésus-Christ lui-même étant la pierre angulaire. » David l'avait prophétisé contre les incrédules : « La pierre qu'ont rejetée ceux qui baptisaient est devenue la principale de l'angle. » (PSAUME 118 : 22).

Oui, Jésus-Christ est la pierre sur laquelle l'Eglise est construite. Il y a des églises locales ou communautaires. L'ensemble de toutes ces églises forme l'Eglise universelle contre laquelle les portes de l'enfer ne sauraient prévaloir (MATTHIEU 16 : 18).

L'ère ecclésiale est-t-elle encore en vigueur ?

L'église universelle est composée, selon APOCALYPSE 7 : 9, de gens de « toutes nations et tribus, de tout peuple et de toutes les langues ». Ils ont en commun d'avoir accepté Jésus-Christ comme leur Sauveur personnel, et « ils ont lavé leurs robes et les ont blanchies dans le sang de l'Agneau » (APOCALYPSE 7 : 14). En d'autres termes, Satan n'arrivera jamais à engloutir l'assemblée des fidèles, les vrais adorateurs du Tout-Puissant. Mais ils passeront par de grandes tribulations, comme le signale APOCALYPSE 22 : 16 : « Moi, Jésus, j'ai envoyé mon ange pour vous attester ces choses dans les Eglises. »

Jésus continue en nous ordonnant d'aller
« prêcher par tout le monde, baptiser et enseigner. »
(MATTHIEU 28 : 19, 20). Ainsi, l'ère de l'église
continuera jusqu'à la fin du monde, quand Jésus
reviendra prendre les membres de l'Eglise universelle
pour les introduire dans le Royaume de Dieu et sceller
le sort de chacun. En attendant, il faut prêcher, baptiser
puis enseigner. Où vais-je pouvoir enseigner à toutes
les âmes auxquelles j'ai prêchées la bonne nouvelle ?
Chacun de nous baptise un nombre imposant de
fidèles, il faut un lieu pour se réunir en vue de leur
enseigner la parole du Christ. Cet endroit, c'est l'église,
l'assemblée des saints où chacun devra, selon l'apôtre
Paul, mettre ses talents et ses aptitudes au service des
uns et des autres pour l'édification de tous les saints
(1 CORINTHIENS 14 : 5, 12 ; EPHÉSIENS 4 : 12).

Cela étant, le vrai dilemme n'est pas tant l'existence
de l'église que son rôle et sa définition. Elle n'est pas une
entreprise commerciale, ni une arène où évoluent les
plus doués, les plus intelligents. Les hommes peuvent
bien changer l'agenda, commercer, diminuer l'étendard
de l'église. L'auteur de l'église, lui, sait qui en font partie.
Les autres sont des charlatans avec leurs propres programmes. Certains ont le vertige au point de vouloir
ajouter ou retrancher de la parole du Christ. Ceci n'est
d'ailleurs pas étonnant. La Bible ne nous enseigne-t-
elle pas que Satan va se déguiser en ange de lumière ?
Il aura recours à toutes sortes de subterfuges. Mais les
vrais adorateurs ont leur mission bien définie, jusqu'à
ce que Jésus lui-même les retrouve à ce poste de pré-
dicateurs de son message sans altération, ne serait-ce
que pour servir de témoignage. L'Eglise que le Maître
compte venir chercher doit être une « Église glorieuse,

sans tache, ni ride, ni rien de semblable, mais sainte et irrépréhensible » (EPHÉSIENS 5 : 27).

L'Eglise de Jésus au temps des Apôtres.

Qu'en est-t-il du temps des apôtres ? ACTES 2 : 47 nous apprend que Jésus lui-même ajoutait chaque jour à l'église ceux qui étaient sauvés. En d'autres termes, même après l'ascension du Maître, toutes les fois que les sauvés se convertissaient, il fallait une assemblée pour les recueillir, les former et affermir leur foi par la parole et par l'exemple. Il les envoyait dans l'assemblée des sauvés un peu partout : Jérusalem, Judée, Antioche, Ephèse, Corinthe, Macédoine, Syrie, Thessalonique, Cilicie, Galatie, Asie … Quand l'apôtre Paul le rencontra, selon ACTES 9, sur le chemin de Damas, Jésus aurait pu lui dire : « Mon cher, je te choisis pour aller auprès des gentils. Suis ton chemin, et je te dirai comment faire pour ouvrir d'autres églises. Fais cavalier seul, je suis avec toi. » Non ! Pour son initiation comme apôtre, Jésus envoya Paul auprès des gens de la même église qu'il avait persécutée. Celui-ci dut faire la route avec les autres apôtres, en dépit des dangers auxquels il serait confronté. En JEAN 17 : 20, Jésus déclare : « Ce n'est pas pour eux seulement que je prie, mais encore pour tous ceux qui croiront en moi par leur parole. » « J'ai d'autres brebis qui ne sont pas encore de la bergerie. Celles-là, il faut qu'elles entendent ma voie, qu'elles viennent à moi afin qu'il y ait un seul berger, un seul troupeau. » (JEAN 10 : 16).

Pendant les différentes périodes de l'Église sur la Terre, il y a toujours eu des faux frères, des faux prophètes, des profanes. C'est ce qu'affirme Jésus en MATTHIEU 24 : 11 et 24. Beaucoup de faux prophètes et de faux Christs se lèveront, feront même des miracles et des prodiges. Ainsi, les vrais croyants doivent être vigilants et se méfier de l'apparence. Dans ce même chapitre 24 de Matthieu, le Maître prend soin d'avertir ses disciples concernant trois éléments clés :

1. Il a donné des signes qui précéderont sa seconde venue.

2. Il a averti les fidèles concernant la recrudescence de faux Christs et de faux prophètes qui effectueront des prodiges.

3. Il a aussi mentionné l'avènement de la ‹ grande tribulation ›, comme on ne l'a jamais vu depuis le début du monde jusqu'à notre époque. Comme on ne le verra plus jamais, car son retour est annoncé « immédiatement après la tribulation de ces jours » (Matthieu 24 : 29, 30).

Que signifie ‹ Grande Tribulation › ?

Pour mieux saisir cette notion de grande tribulation, il convient de consulter l'histoire. Elle nous révèle que les premiers siècles après Jésus-Christ virent la doctrine du christianisme prendre une ampleur extraordinaire qui ne tarda pas à susciter des persécutions de la part des juifs, des païens, des empereurs romains, des autorités locales et parfois même à cause du soulèvement général d'une population. Nul ne peut ignorer la souffrance imposée par Néron, Domitien, Trajan, Adrien et Antonin, Marc-Aurèle, Septime-Sévère, Maximim le Thrace, Décius, Valérien, Aurélien, Dioclétien et Maximien … Ces années de cruelles tortures pourtant ne purent affaiblir la communauté chrétienne. ‹ Le sang des chrétiens est une semence › déclara Tertullien. La persécution des Chrétiens par les chrétiens fût un véritable fléau. Après la conversion de l'Empereur Constantin au christianisme, il publia l'édit de Milan en 313 pour accorder la liberté du culte aux chrétiens. Quand les églises chrétiennes majoritaires se fortifièrent, elles ne tardèrent pas à vouloir s'assurer que tous les adeptes fussent soumis à leurs points de doctrine. Quand certains fidèles osèrent questionner, voire critiquer certaines des pratiques de leur confession religieuse, ces derniers furent accusés d'hérétiques, sommés de se conformer ou de subir toutes sortes de cruautés. A en citer pour preuves la persécution des albigeois, des huguenots, contre le protestantisme, ainsi que les pratiques de l'Inquisition. Nous retenons que ceux qui s'attachaient à servir Dieu selon les dictées de leur foi étaient cruellement torturés Les Chrétiens étaient dévorés par des chiens, attachés à des poteaux avec des tuniques imbibés de résine et de souffre pour servir d'éclairage pendant les jeux nocturnes du cirque. Ils subirent les douleurs de la crucifixion et de la décapitation. Ils furent livrés aux bêtes féroces, aux flammes vives, et leur sang coula à flots dans les rues et dans les artères. De nos jours, dans plusieurs pays on continue à persécuter les chrétiens, à les assassiner, à les condamner au viol collectif, à les enfermer dans des « parcs à chrétiens » insalubres et invivables … Mais la Bible déclare que la grande persécution sera encore pire.

Pendant la grande tribulation, les ‹ vrais croyants › seront sévèrement persécutés. Ils ne seront plus en mesure de se réunir en assemblée régulière. Le diable, en charge du système mondial, le mettra à leur trousse, les accusant d'être la cause de tous les malheurs, toutes les catastrophes et tous les désastres qui séviront sur la

terre, comme décrit dans Apocalypse 16 et 18.
Le diable essaiera d'anéantir les croyants sincères
qui placent leur confiance en Dieu et sont scellés du
sang de Jésus-Christ. Les églises physiques authentiques s'effondreront automatiquement, tandis que les
autres sembleront de plus en plus florissantes
(Apocalypse 13 : 14 ; Matthieu 7 : 21-23). Puis
ce sera la fin de l'ère ecclésiale : « Et alors paraîtra
le signe du Fils de l'homme dans le ciel. »
(Matthieu 24 : 29, 30) Cela peut sembler difficile à
croire. Rappelons-nous les persécutions, les inquisitions,
les croisades dans le passé. Elles étaient alimentées par
des faux frères contre d'autres croyants. Vers la fin des
temps, quand Jésus sera sur le point de revenir sur cette
Terre, les mêmes scènes se reproduiront.

Certes, l'Eglise a abandonné plus d'une fois la
trajectoire initiée par le Maître lui-même et par ses
disciples. Mais quand elle s'égare, on doit le lui dire.
Elle doit se repentir, confesser ses péchés et demander
la grâce de Dieu dans la prière, l'humilité et les supplications afin que le Créateur puisse avoir pitié de ceux
qui implorent et cherchent le pardon. Ces jours ci, le
diable semble avoir réussi à convaincre les gens que
tout va bien. « Dieu vous sauvera tous. Jésus a payé
pour tout cela. Profitez de la vie. » Ainsi, même ceux
qui prétendent avoir la vérité, peut-être l'avaient-ils
à un moment donné, deviennent complaisants, passifs,
paresseux et tièdes. Ils ont perdu leur concentration
et leur vocation, tout en étant convaincus de les
avoir conservées.

Il est de mauvais ton d'entendre les gens parler de
la fin de l'église, alors qu'ils encouragent les fidèles à
leur envoyer de l'argent pour leurs ministères person-

nels qui prendront fin aussi. C'est de l'hypocrisie. On ne peut pas vouloir détruire le système biblique pour le remplacer par un système humain fondé sur ses propres rêves, ses illuminations et ses spéculations. Anathème ! Malheur à ceux qui induisent le peuple de Dieu dans l'erreur. Gare à ceux qui laissent l'esprit d'égarement se saisir d'eux pour croire au mensonge. L'église continuera d'exister jusqu'à la fin des temps. Elle est le lieu de rencontre des fidèles adorateurs avec leur Dieu. Elle est fondée sur le Roc, Jésus lui-même qui l'enlèvera à son retour.

L'ère de L'église est-Elle Révolue ?

Selon le philosophe allemand Georg Christoph Lichtenberg, « dans tout homme, il y a un peu de tous les hommes ». De ce fait, tout ce qui réclame la présence du genre humain reflète les caractéristiques de tous les humains. L'homme ayant des défauts, ses actions, ses entreprises ne sont pas parfaites. D'aucuns croient qu'il aurait dû en être autrement pour les croyants. Les gens de l'église auraient dû être irrépréhensibles. Les observateurs sont tellement scandalisés, indignés face à la conduite reprochable de ceux qui se targuent d'être chrétiens qu'ils s'interrogent sur le but de l'église, voire la nécessité de son existence. Ce cri, de plus en plus populaire, a fait des disciples même parmi ceux qui fréquentent les congrégations religieuses. Pour eux, l'homme religieux devrait être au-dessus du commun des mortels. Puisque tel n'est pas le cas, pourquoi persévérer dans la religion ? Certains représentants de la religion en arrivent même à prêcher la fin de l'ère de l'église, voire fixer la date précise de la fin du monde. Dénués de tout discernement, ils prennent les textes un peu partout dans la Bible et, prétendant avoir reçu les dernières lumières venues d'en haut, ils proclament un évangile qui déçoit. Selon ESAÏE 8 : 20, tout ce qu'on dit doit passer par le filtre de la loi et du témoignage sacré, sinon tout navigue dans l'obscurité. C'est par leurs fruits qu'on les reconnaîtra, nous dit Jésus dans MATTHIEU 7 : 16. D'autres, confus, se posent la question : l'ère de l'église serait-elle révolue ? sans pouvoir y apporter une réponse. Sinon, quel est son rôle dans cette société post moderne ?

Quand ils considèrent les nouvelles sensationnelles que relate la presse télévisée, écrite ou parlée, beaucoup sont convaincus que l'église fourmille d'histoires scandaleuses : assassinat, abus sexuel, pédophilie, prévarications, luttes d'influences, calomnies, jalousies, médisances, vol ... Plus d'un se demandent si l'église, de nos jours, n'est pas administrée directement par Satan. Le simple énoncé du mot église suffit pour provoquer un raz-de-marée de réactions négatives chez certains. Il convient, pour les croyants authentiques, de faire taire les émotions et se donner la peine de consulter la Bible.

Différence entre Religion et Eglise.

Rappelons qu'il y a une différence entre d'une part, la religion qui s'occupe des croyances des gens et leurs attitudes envers les êtres surnaturels, les divinités et, d'autre part, l'Église qui représente l'Assemblée des croyants. Pour nous, l'Église renvoie à la congrégation universelle des chrétiens, adorateurs de Dieu.

Selon ACTES 17 : 11, il vaut la peine d'examiner chaque jour les écritures pour voir si ce qu'on dit est exact. Alors pourquoi ne pas essayer de voir, à la lumière des saintes écritures, qui a raison ? D'après PSAUME 19 : 2, toute la création raconte la gloire de Dieu qui veut recevoir favorablement les accents de louanges et de grâces de ses créatures au moyen de son Eglise.

Evolution de l'église à travers le temps.

L'Eglise est par définition l'assemblée des croyants qui partagent la même foi, ont la même mission et s'engagent pour améliorer la condition humaine dans tous les domaines, par tous les moyens et conditions à leur portée. L'Église, d'une manière générale, comprend trois niveaux :

1.   L'église locale.

2.   L'église communautaire, et

3.   L'église historique.

Ces assemblées débutèrent, à travers les âges, avec l'église primitive et l'église universelle. Quoi qu'il en soit, elle est désignée comme un lieu où l'homme peut rencontrer son Créateur. On peut encore la définir comme étant l'assemblée des élus de Dieu, les sauvés (*eklesia*). Esaïe 6 : 1-3 nous décrit une scène selon laquelle « le Seigneur est assis sur un trône très élevé, et les pans de sa robe remplissaient le temple. Des séraphins se tenaient au-dessus de lui. Ils se criaient l'un à l'autre : Saint ! Saint ! Saint est l'Eternel des armées ! Toute la terre est pleine de sa gloire ».

Il appert de ces déclarations que le Maître de l'univers s'intéresse aux activités humaines et joue un rôle actif sur la terre.

Attitudes au sein de l'Eglise.

Il vaut la peine d'examiner notre attitude vis-à-vis de l'église, laquelle peut être pour nous une occasion de chute. Comment ?

Evitons les extrêmes.

Les positions extrêmes n'aboutissent pas au but visé.

a.) Le premier extrême remonte aux temps anciens. L'homme, pour contrôler ses semblables, s'érige en directeur de conscience à l'église. La religion est souvent le moyen par excellence pour exploiter, museler et dominer ses semblables. Alors, on présente l'église comme l'unique moyen de salut. ‹ *Extra Ecclesiam, nulla salus* ›. Cette philosophie adoptée par des zélés depuis au 2ème siècle, prêche que l'église est le seul moyen de salut. Donc pour ces dirigeants, l'église joue un rôle Co-rédempteur. Beaucoup croient à trois conditions pour avoir le salut :

1. La Sainte Vierge.

2. l'Église.

3. Jésus.

Si belle que soit cette théorie, elle n'est point biblique. En effet, en Actes 4 : 12 nous lisons « Il n'y a de salut en aucun autre ; car il n'y a sous le ciel aucun autre nom qui ait été donne parmi les hommes, par lequel nous devions être sauvés. » Contrairement aux coutumes païennes, il n'y a qu'un Dieu et aussi un seul médiateur, **Jésus-Christ**.

Pendant que Jésus était sur la terre, les gens qui le suivaient voulaient déjà déifier Marie. Dans Luc 11 : 27,28 « nous lisons : Tandis que Jésus parlait ainsi, une femme, élevant la voix du milieu de la foule, lui dit : **Heureux** le sein qui t'a porté ! **Heureuses** les mamelles qui t'ont allaité ! Et Jésus répondit » « Heureux plutôt ceux qui écoutent la parole de Dieu et qui la gardent ! » Ce passage indique clairement que

Jésus tenait à mettre l'emphase sur l'importance unique de faire la volonté de Dieu pour lui être agréable. Jésus lui-même eut à déclarer selon JEAN 14 : 6 « Je suis le chemin, la vérité, et la vie. **Nul ne vient au père que par moi** ». C'est une déclaration radicale, catégorique et ex cathedra.

Aussi convient-il de réfléchir quand une église se targue d'être la seule gardienne authentique du christianisme. Les protestants ont riposté, protesté. Ils disent : « *Sola Scriptura ! Sola Fide !* » Pourtant, peu de temps après, pour s'assurer de garder les fidèles sous sa coupe, la même église protestante se sert de la même approche ne serait ce que sous une forme plus souple, plus nuancée, à savoir : le salut par l'église. Aujourd'hui, chaque dénomination religieuse déclare : « Mon mouvement, mon église, mon organisation est la seule à détenir la vérité, la seule qui puisse vous conduire au salut. »

Quand l'église ‹ Laodicée › est venue à l'existence, elle avait très bien commencé. Mais avec le temps, les choses ont changé. Il est plus que temps pour l'église contemporaine d'examiner et de méditer les mots trouvés dans APOCALYPSE 3 : 17 : « Parce que tu dis, je suis riche, je me suis enrichi et je n'ai besoin de rien … ». Ces mots évoquent une attitude répréhensible aux yeux de Dieu. Une Église peut avoir la vérité, prêcher la vraie doctrine et manquer en même temps de l'essentiel : un abandon total à Jésus, une relation unique et étroite avec le Maître. Bien-aimés, quand les gens nous voient, voient-ils Jésus ? Ou bien voient-ils des gens remplis d'eux-mêmes, trop conscients de pratiquer la vraie doctrine qui sauve ? Chacun de nous doit faire attention à ne pas emboucher la trompette de la propre suffisance : « Hors de mon organisation, point de salut. » Parfois, même si nous ne le disons pas à haute voix, notre approche, notre comportement peut véhiculer un tel message. Encore une fois, rappelons-nous que seul Jésus sauve. Il n'en a jamais été autrement. ESAÏE 45 : 17 stipule : « C'est par l'Eternel qu'Israël obtient le salut. » Idem pour HÉBREUX 5 : 9 : « Il est devenu l'auteur d'un salut éternel pour tous ceux qui lui obéissent. » Après cela, nous pouvons prouver que nous acceptons le salut par la foi en produisant des fruits dignes de la vocation céleste en Jésus Christ.

b.) L'autre extrême constitue le rejet total de l'église. Le motif ? Trop de scandales, de profanation, de *bluff*. L'édification de l'Eglise depuis le jardin d'Eden a toujours provoqué une réaction de la part de Satan. C'est ce que nous appelons scandale. Il y eut scandale dans le jardin, scandale du temps de Noé, d'Abraham, de Moïse, de Josué, des Juges sacrificateurs et de Salomon. Quand Jésus vint sur Terre, il déclara : « Il faut que le scandale arrive, mais malheur à celui par qui le scandale arrive ». Et il ajouta en MATTHIEU 24 : 10-13 : « Plusieurs succomberont, et ils se trahiront, se haïront les uns les autres. Plusieurs faux prophètes s'élèveront et ils séduiront beaucoup de gens. Et parce que l'iniquité se sera accrue, la charité du plus grand nombre se refroidira. Mais celui qui persévèrera jusqu'à la fin sera sauvé. »

c.) Satan est très astucieux. Il a réussi à se forger une troisième catégorie qui est une démarche encore plus subtile. Elle se compose de ceux qui répètent à tout bout de champ que « le sang de Jésus-Christ donne le salut par grâce. Tout ce qu'ils ont à faire est de l'accepter par la foi ». Mais ils vont encore plus loin : Jésus ayant tout payé, ils développent un sentiment erroné de salut permanent sans aucun progrès véritable dans leur relation avec le Tout-Puissant. Rappelons-nous la déclaration de l'apôtre Paul dans 1 CORINTHIENS 9 : 27 « Mais Je traite durement mon corps et je le tiens assujetti, de peur d'être moi-même rejeté, après avoir prêché aux autres ». PHILLIPPIENS 2 : 12 Paul dit «travaillez à votre salut avec crainte et tremblement.» Cela ne signifie point qu'on peut se sauver mais qu'on doit rester sur la balle et persévérer. Dans ce même groupe nous avons ceux qui se justifient parce qu'ils sont les seuls à remplir toutes les conditions pour la vie éternelle. Le Très-Haut nous avertit par la bouche du prophète Jérémie. JÉRÉMIE 9 : 23, 24 « Ainsi parle l'Éternel : Que le sage ne se glorifie pas de sa sagesse, Que le fort ne se glorifie pas de sa force, Que le riche ne se glorifie pas de sa richesse. Mais que celui qui veut se glorifier se glorifie d'avoir de l'intelligence et de me connaître, de savoir que je suis l'Éternel, qui exerce la bonté, le droit et la justice sur la terre ; car c'est à cela que je prends plaisir, dit l'Éternel ».

Bien-aimés ces positions ne nous donnent pas la solution. Elles viennent de l'ennemi commun qui entend gagner par tous les moyens : le salut par l'église, le salut sans l'église, ou le salut permanent sans besoin de régénération en Christ. C'est de la propre suffisance. Rappelons-nous de ce que Jésus dit à Nicodème dans JEAN 3:3 : « il faut naitre de nouveau ! » Une fois que nous acceptons la grâce divine, ce qui compte vraiment, c'est notre degré d'intimité, notre relation avec Lui qui accuse une nouvelle vie. Prenons garde de développer un faux sentiment de sécurité dans le salut par grâce. Il ne faut jamais oublier que le but de l'Église est de préparer des âmes pour le royaume éternel. 2 PIERRE 3 : 18

«croître dans la grâce, et dans la connaissance de notre Seigneur et Sauveur Jésus-Christ. À lui la gloire, maintenant et pour toujours. Amen ».

ROMAINS 3 : 31 « Anéantissons-nous la loi par la foi ? À Dieu ne plaise : au contraire, nous confirmons la loi ». Il n'y a pas de salut collectif. C'est une question relationnelle de chaque âme avec son Dieu. L'église peut vous aider mais elle peut aussi vous détourner de Jésus si vous oubliez que son but unique est de préparer des âmes pour le royaume éternel. L'église est pareille à un autobus dans lequel ont pris place des passagers vers une même destination. Cependant, chacun doit avoir les yeux grands ouverts pour éviter les accidents de parcours et les détours. Elle permet d'évangéliser les autres pour que nous soyons tous prêts à rencontrer Jésus.

Si l'église devient pour nous un motif de stress, de soucis, de persécutions, d'humiliations, de trahisons, d'hypocrisie, de politique, nous devons être prudents et ne pas donner à l'ennemi l'occasion de nous terrasser, nous décourager, voire nous rendre amers. Certaines situations peuvent menacer notre salut éternel. En GALATES 5 : 15, Paul déclare : « Si vous vous mordez et vous vous dévorez les uns les autres, prenez garde que vous ne soyez détruits les uns par les autres. » Ainsi donc, ne soyons pas trop émotionnellement attachés à un bâtiment ou un chef de file en particulier. Soyons plutôt étroitement liés au Seigneur, le sauveur ultime.

Paul continue plus loin : « Marchez selon l'esprit et vous n'accomplirez pas les désirs de la chair. » (GALATES 5 : 16) Ces désirs de la chair seront clairement spécifiés aux versets 19-21 : l'impudicité, l'impureté, la dissolution, l'idolâtrie, les inimitiés, les querelles, les jalousies, les animosités, les disputes, les divisions, les sectes, la magie, l'envie, l'ivrognerie, les excès de table ... On peut y ajouter l'hypocrisie, l'esprit de clan, l'esprit de vengeance, les commérages, la médisance, le faux témoignage, la trahison, l'animosité, la rébellion, les chimères, la tiédeur, etc. Tout cela constitue les œuvres de la chair. Or ceux qui accomplissent ces œuvres n'hériteront point le Royaume des cieux. Une église qui excelle dans de tels travers s'engage tête baissée vers la perdition. Gare aux moutons de Panurge ! Il ne faut pas suivre la multitude pour faire le mal, selon Exode 23 : 2. Nous voulons tous avoir la vie éternelle. Ecoutons alors GALATES 5 : 25 : « Si nous vivons par l'esprit, marchons aussi selon l'esprit. »

Résumons :

le Créateur n'a pas fondé l'église pour permettre à quelques-uns d'asseoir leur hégémonie en prêchant leur propre évangile. Souvenons-nous en, dans le domaine spirituel, 99.999999% de vérité est encore mensonge aux yeux de Dieu. Soyons prudents et demandons-lui l'esprit de discernement pour ne pas nous détourner de la bonne voie. Il n'a pas rejeté son église dans sa totalité. Il ne va pas sauver les gens par pure association ou par quantité. Il n'est pas question d'obéir aux lois de la majorité. Certaines églises périront avec leurs membres et leurs dirigeants. D'autres recevront la récompense éternelle pour avoir accepté le salut offert gratuitement et pour avoir maintenu une relation permanente et dynamique avec Jésus Christ, lequel viendra chercher son Eglise universelle, celle qui doit être sans tache ni ride, ni rien de semblable. En attendant ce jour, le démon est à l'œuvre. L'église a oublié sa mission et perdu ses bonnes habitudes. Elle s'est fixée d'autres priorités, ce que j'appelle les trois « P » :

1. La popularité.

2. La prospérité et

3. La puissance séculière.

« N'aimez point le monde, ni les choses qui sont dans le monde. Si quelqu'un aime le monde, l'amour du Père n'est point en lui. » (1 JEAN 2 : 15) Pour avoir ignoré ces vérités éternelles, l'église est devenue un élément rempli de contradictions. Le résultat est ahurissant : elle s'est changée dans bien des cas en une entreprise lucrative, un tremplin pour poursuivre les agendas mesquins de certains. Il n'est donc pas étonnant de voir des assemblées bondées de gens qui ne connaissent même pas le vrai Dieu. L'ivraie pullule partout et semble même étouffer le bon grain.

Mais Dieu n'a jamais perdu le contrôle de sa véritable Eglise. Pour éviter toute confusion, voici **six raisons principales pour lesquelles l'église continue à exister** :

1. Lucifer est une créature de Dieu. Il était très beau. Il reçut le titre de ‹ fils de l'aurore ›. Lucifer se révolta contre le Tout-Puissant. Il voulut le supplanter. Il perdit sa position de prédilection. La lecture d'ÉSAÏE 14 : 12-14, d'EZÉCHIEL 28 : 17 et d'APOCALYPSE 12 : 7-12 nous en donne un compte rendu succinct. Néanmoins, Lucifer demeure une créature. Et en règle générale, la créature ne saurait dépasser le Créateur. Sa défaite est prédite depuis le jardin d'Eden (GENÈSE 3 :15). Il échoua devant Jésus pendant son séjour sur la Terre (MATTHIEU 4 : 1-9). Il ne réussit point à garder le Sauveur dans la tombe. Au bout du compte, Satan sera détruit à jamais au retour de Jésus Christ. Selon APOCALYPSE 19 : 19, 20, il

sera jeté vivant dans l'étang ardent de feu et de soufre. Alors pensez-vous que Dieu permettrait au diable de remporter la victoire sur son église maintenant, comme certains le prédisent ? Dieu serait-il reconnaissant envers le diable. ? Est-ce possible ? La réponse est : non.

2.   Satan a déclaré une guerre farouche contre Dieu et le reste de sa prospérité, l'Église. Satan veut la détruire. APOCALYPSE 12 : 17 : « Le dragon fut irrité contre la femme (église), et il s'en alla faire la guerre aux restes de sa postérité, qui gardent les commandements de Dieu, et qui ont le témoignage de Jésus-Christ. » Jésus aime son Eglise au point de mourir pour elle. Il parle de sa relation avec l'Eglise pour illustrer la façon dont un couple doit s'aimer l'un l'autre : « Maris, aimez vos femmes, comme Christ a aimé l'Église, et s'est livré pour elle. » (EPHÉSIENS 5 : 21-33). Si Jésus en est arrivé au point de livrer au diable son Eglise bien-aimée, alors tous les maris du monde pourraient utiliser le même argument pour se débarrasser de leurs épouses et aller vers d'autres aventures. Jésus est le chef suprême de l'Eglise (EPHÉSIENS 1 : 22, 23). S'il l'abandonne à son sort, l'église devient un ‹ corps décapité ›, c'est-à-dire ‹ un corps mort ›. A travers l'apôtre Paul, Jésus appelle son église, « l'Église du Dieu vivant, colonne et fondement de la vérité » (1 TIMOTHÉE 3 :15). Pensez-vous que Dieu va abandonner l'Église entre les mains de Satan ? Pas du tout.

3.   Dans MATTHIEU 16 : 18, on lit : « Les portes de l'enfer ne prévaudront pas contre elle. » Après une telle déclaration, comment Dieu peut-il changer d'avis et faire de la même Eglise le candidat de choix pour l'enfer, avec Satan et ses suppôts ? Non. Selon MATTHIEU 25, l'enfer est réservé pour le diable.

4. L'Eglise a des devoirs sacrés :

a. Prêcher l'Evangile jusqu'à la fin de ce monde (MATTHIEU : 28 : 18-20) ;

b. Baptiser ceux qui croient (MARC 16 : 16, 1 CORINTHIENS 12 :13) ;

c. Pourvoir aux besoins des croyants (GALATES 5 : 13 ; 1 CORINTHIENS 12 : 1-28) ;

d. Prier pour les malades (JACQUES 5 : 14-16),

e. Participer au lavement des pieds (JEAN 13 : 1-17) et à la Sainte Communion (I CORINTHIENS10 : 15, 16 ; 11 : 22-28).

Dieu a-t-il renoncé à ces ministères après y avoir lui même participé ? Non.

5. Le Seigneur prend ceux qui acceptent l'évangile et les amène à l'église. « Le Seigneur ajoutait chaque jour à l'Eglise ceux qui étaient sauvés. » (ACTES 2 : 47) A-t-il trouvé un autre endroit secret pour les garder jusqu'à ce qu'il revienne ? Non !

6. Depuis la désobéissance de nos premiers parents, il y a toujours eu deux catégories de personnes : une multitude qui suit sa propre volonté et donne libre cours a ses passions, et une minorité qui choisit de rester fidèle aux injonctions divines. Au fil du temps, de Caïn en passant par la multitude avant le déluge, le nombre de personnes rebelles semble augmenter. Mais Dieu a toujours placé sur cette Terre des croyants véritables. Et il n'est pas disposé à changer son protocole à la dernière minute. Vous aurez des épreuves et des tribulations, mais soyez de bon courage, nous dit Jésus. Dans sa priè-

re sacerdotale trouvée en JEAN 17 : 15, s'adressant a son père en faveur de ses disciples, il déclara : « Je ne te prie pas de les ôter du monde, mais de les préserver du mal. » Abel choisit de servir le Seigneur, et il ne fut pas le seul : Noé, Hénoch, Abraham, Joseph, Moïse, Daniel et ses compagnons, les Albigeois, les Vaudois, les Huguenots, John Wycliffe, Luther, Jean Hus, etc., tous décidèrent de leur plein gré de rester fidèles à Dieu.

A aucun moment Dieu n'a déclaré : « Les habitants de la Terre sont trop méchants, laissez-moi isoler, protéger mes enfants. » Aucun d'entre eux n'a été dans un lieu secret, sur le sommet d'une montagne, pour chanter, jeûner et prier sans cesse. Non, ils sont restes connectés avec leur Dieu tout en vivant sur cette Terre. Jésus, le fils de Dieu, aurait pu se présenter sur la planète pour quelques jours seulement, causé un peu de bouleversement avec son message, s'arranger pour se faire arrêter, condamner et crucifier. Ainsi il aurait terminé sa besogne rapidement. Mais il choisit de naître, de grandir parmi les hommes, de connaître toutes les vicissitudes de la vie humaine, sans pour autant se détourner de sa mission. L'argument selon lequel le monde est si méchant, l'église si corrompue que Dieu a dû se retirer donne l'exemple d'un Dieu qui est pris au dépourvu et vacille. Tel n'es pas le cas. Il voit la fin avant même le commencement. Il nous a avertis dans plusieurs textes, y compris DANIEL 12 :1, MARC13 : 19, 24, MATTHIEU 24 : 21,22. Les enfants de Dieu auront à affronter le courroux de ce monde méchant. Et comme les calamités continueront de tomber sur cette terre, les vrais croyants seront blâmés et persécutés. Ces temps difficiles se font déjà sentir un peu partout. La liberté, la sécurité, la paix et la stabilité deviennent plus fragiles jour après jour. Certains extrémistes terrorisent le monde, souvent au nom de leurs mauvaises interprétations doctrinales. Il viendra un moment, s'il n'est pas déjà venu, où le monde séculier se méfiera de toutes les religions. Les croyants sincères seront identifiés et passeront par des épreuves et des tribulations. Mais ce sera aussi le rapprochement de la fin de la grande controverse entre Dieu et Satan. Les vrais croyants connaissent déjà l'ultime vainqueur qui s'apprête à récompenser ceux qui, à travers les âge, sont restés fidèles. Rappelez-vous le dicton : « Il fait toujours plus sombre avant l'aube. ».

Parce que l'Église est l'objet de la colère de Satan, il se bat contre elle sur tous les fronts, en utilisant toutes sortes de moyens pour l'affaiblir : la fausse doctrine, la théologie falsifiée, mélangée et sophistiquée, la philosophie, la complaisance des membres, le sentiment de salut garanti, la division, la discorde, l'hypocrisie, le comportement scandaleux des frères et même des chefs spirituels, les tactiques administratives, les techniques de manipulation, la persécution par les autorités, les principautés, les esprits méchants dans les lieux élevés, etc. C'est pourquoi, l'apôtre Paul déclare : « Revêtez-vous de toutes les armes de Dieu, afin de pouvoir tenir ferme contre les ruses du diable. Car nous n'avons pas à lutter contre la chair et le sang, mais contre les dominations, contre les autorités, contre les princes de ce monde de ténèbres, contre les esprits méchants dans les lieux célestes. C'est pourquoi, prenez toutes les armes de Dieu, afin de pouvoir résister dans le mauvais jour, et tenir ferme après avoir tout surmonté. Tenez donc ferme : ayez à vos reins la vérité pour ceinture ; revêtez la cuirasse de la justice ; mettez pour chaussure à vos pieds le zèle que donne l'Évangile de paix ; prenez par-dessus tout cela le bouclier de la foi, avec lequel vous pourrez éteindre tous les traits enflammés du malin ; prenez aussi le casque du salut, et l'épée de l'Esprit, qui est la parole de Dieu. Faites en tout temps par l'Esprit toutes sortes de prières et de supplications. Veillez à cela avec une entière persévérance, et priez pour tous les saints.» (*cf.* ÉPHÉSIENS 6 : 11-18).

Quelle est la date exacte du retour de Jésus ?

Connaissons-nous la date à laquelle le Christ va revenir et nous prendre avec lui pour nous introduire dans la félicité ? Nous vivons à une époque où plusieurs sont enclins à dire que le retour de Jésus est proche et à la porte.

Les signes des temps s'accomplissent et les prophéties se réalisent. Tout laisse présager que le retour du Maître est beaucoup plus proche qu'auparavant. Tout le monde aimerait deviner, calculer la date de ce grand jour. Du temps où Jésus était sur la terre, ses disciples aussi brulaient du désir de connaître cette date fatidique. Le maître leur répondit : « Pour ce qui est du jour et de l'heure, personne ne le sait … », MATTHIEU 24 : 36. En 1 THESSALONICIENS 5 : 1-11, l'apôtre Paul nous dit ce qui suit : « Pour ce qui est des temps et des moments, vous n'avez pas besoin, frères, qu'on vous en écrive. Car vous savez bien vous-mêmes que le jour du Seigneur viendra comme un voleur dans la nuit. Quand les hommes diront : Paix et sûreté ! alors une ruine soudaine les surprendra, comme les douleurs de l'enfantement surprennent la femme enceinte, et ils n'échapperont point. Mais vous, frères, vous n'êtes pas dans les ténèbres, pour que ce jour vous surprenne comme un voleur ; vous êtes tous des enfants de la lumière et des enfants du jour.

Nous ne sommes point de la nuit ni des ténèbres. Ne dormons donc point comme les autres, mais veillons et soyons sobres. Car ceux qui dorment dorment la nuit, et ceux qui s'enivrent s'enivrent la nuit. Mais nous qui sommes du jour, soyons sobres, ayant revêtu la cuirasse de la foi et de la charité, et ayant pour casque l'espérance du salut. Car Dieu ne nous a pas destinés à la colère, mais à l'acquisition du salut par notre Seigneur Jésus Christ, qui est mort pour nous, afin que, soit que nous veillons, soit que nous dormions, nous vivions ensemble avec lui. C'est pourquoi exhortez-vous réciproquement, et édifiez-vous les uns les autres, comme en réalité vous le faites. » Ces deux textes ne peuvent pas se contredire. Au contraire, ils s'harmonisent pour indiquer claire- ment : 1-le retour de Jésus est imminent 2-Les vrais adorateurs sont toujours prêts pour ne pas être pris au dépourvu. 3-l'Assemblée continue à exister au point de devoir ‹ s'exhorter réciproquement ›. L'apôtre Paul n'a jamais dit que certains auront ce privilège exclusive de connaitre la date exacte du retour de Jésus Christ. Il compare l'attitude des croyants qui seront prêts et celle des païens qui poursuivront leurs courses vers les choses de ce monde pour la paix, la prospérité et le bonheur, ce que promettent tous les candidats dans tous les pays.

Néanmoins, certaines personnes sont convaincues de la date exacte du retour du Christ sur cette terre. Pour étayer leurs affirmations, elles citent quelques textes dans la Bible. Ma Bible révèle qu'à cause de la méchanceté de l'humanité, Dieu demanda à Noé de construire une Arche. Puis vint le déluge. Noé n'avait pas tous les détails concernant le début ou la fin du dé- luge (GENÈSE 6, 7 et 8). Ensuite, pour le cas de Ninive, Jonas devait aller dire à ses habitants que dans 40 jours toute la ville allait être détruite. A quel moment de la durée devaient commencer ces 40 jours ? Était-ce avant la fuite de Jonas, ou quand le poisson vomit Jonas sur la terre ferme, ou était-ce à partir du moment où Jonas se mit à prêcher, ou encore était-ce quand le message finalement parvint aux oreilles du Roi, ou même quant toute la ville prit le sac et la cendre ? Jonas non plus n'eut pas le privilège de connaître la date ou l'heure exacte de l'exécution de l'ordre divin. Il est fort probable que le nombre quarante utilisé dans le livre de Jonas signifie simplement une période de probation, de procès et de châtiment, ce qui est l'interprétation universelle du chiffre quarante. Etait-ce possible que Dieu utilisât le nombre quarante pour Ninive parce que, dans son omniscience, il prévoyait la grâce (numéro 5), la renaissance et le renouveau (numéro 8) pour les habitants de cette grande ville ? (5x8=40). Encore une fois, Dieu seul le sait. Aucun être humain ne peut lire l'horloge de Dieu. Nul ne peut dépasser Dieu au point de voir ses écrits. Le Chrétien authentique doit être toujours prêt parce qu'il peut passer de vie à trépas n'importe quand, et à ce moment là son sort éternel est décidé.

En 2 JEAN 9 et 10 10 il est stipulé que quiconque va au-delà de la doctrine du Christ est un transgresseur et Dieu n'est pas avec lui. Il ne faut pas même le saluer. Alors méfiez-vous de ceux qui prédisent la date exacte de ce retour ! Hommes frères, que devons-nous faire ? La réponse est simple : nous préparer pour recevoir le Maître quels que soient le jour et l'heure de son retour en gloire. En attendant, devons-nous continuer à fréquenter l'église ? Si oui, pourquoi ?

Pourquoi L'église Est-Elle Nécessaire ?

Les découvertes scientifiques et techniques ne cessent de se multiplier au fil des ans. Leurs répercussions se font sentir dans tous les domaines, y compris la religion. Aussi n'est-il pas étonnant de constater un changement d'attitude même parmi les croyants les plus dévots. Si certains persistent dans les croyances et les traditions du passé, d'autres osent questionner le rôle de la religion dans leur vie. D'aucuns vont jusqu'à placer l'église au second plan quand ils font face à des urgences, des défis personnels ou communautaires. Pour eux, les réponses conventionnelles inspirées par la Bible ne sont pas en mesure de solutionner les problèmes pressants auxquels est confrontée la nouvelle génération du 21e siècle. Ainsi si elles n'abandonnent pas complètement leur foi, de nombreuses personnes qui continuent à se dire croyantes sont devenues tièdes. Elles ont tendance à être moins impliquée dans les activités ecclésiales et choisissent de rester chez elles aux heures habituelles des services à l'église. Elles apaisent leur conscience en assistant à un culte télévisé de leur choix. D'autres visitent différentes assemblées çà et là, mais sans aucun engagement personnel dans une congrégation locale déterminée. Une dernière catégorie finit par abandonner la foi et blâme les dirigeants, ou leurs parents, ou le système en général. Selon Exode 34 : 7, l'Eternel ne va pas confondre l'innocent et le coupable.

Pourquoi certains abandonnent-ils l'église ?

Si on leur demande la raison de ce changement, ces personnes vous répondront peut-être :

a.) Le service est fade, archaïque et rebutant, il manque d'authenticité et ne reflète pas la vie pratique.

b.) La plupart des leaders religieux manquent de loyauté, d'autres sont cupides. Les membres ressemblent à des morts en vacances. Ils ne sont pas sincères. Il n'y a vraiment pas de différence entre certains croyants qui fréquentent l'église et ceux qui ne le font pas.

c.) Le message prêché est souvent dénué de sens, ou encore il est négatif avec une tendance à culpabiliser les fidèles, à les pacifier pour les porter à se résigner à leur sort et accepter les circonstances malheureuses de leur existence comme étant la récompense de leurs mauvaises actions commises en privé ou en public.

d.) Les mauvaises propagandes concernant l'ère de l'église ont leur effet dans la communauté.

Certes, la religion en général, le christianisme en particulier, traverse parfois des moments de crise. Un courant de questionnement peut même le secouer et le pousser à atteindre un niveau spirituel supérieur. Mais, de nos jours, les attaques se multiplient au point de porter plusieurs à se demander pourquoi continuer..

Doit-on continuer à aller à l'église ? Si oui, pourquoi ?

Tout d'abord, il vaut la peine, encore une fois, de rappeler que fréquenter une organisation religieuse quelconque ne figure pas dans la Bible comme une condition indispensable pour la vie éternelle. Du reste, pour les chrétiens, seul Jésus peut accorder libre accès au Royaume éternel par sa grâce. Voilà pourquoi on doit suivre son exemple et ses instructions. Jésus fréquentait les synagogues régulièrement (*cf.* Luc 4 : 16 ; Marc 6 : 2 ; Matthieu 4 : 23 et Jean 18 : 20). Si Jésus le faisait, nous autres devrions nous y rendre un peu plus souvent. Fréquenter l'église régulièrement peut avoir un impact positif et profitable dans la vie de chaque croyant. La présence d'un prosélyte dans une congrégation revêt un cachet bénéfique à deux niveaux :

I.   Un impact spirituel

II. Un impact socioculturel

I — Impact spirituel

La première raison pour laquelle les croyants sont invités à s'associer à une église découle du fait que Dieu lui-même le veut pour le bien-être spirituel de ses enfants.

a.) En effet, la Bible indique que le Créateur prend plaisir à rencontrer tout le peuple et à partager sa compagnie : « Ma maison sera appelée une maison de prières pour tous les peuples. » (Esaïe 56 : 7) C'est aussi un signe pour témoigner de son amour envers son Créateur et sa soumission à sa volonté. Selon I Corinthiens 1 : 9, Dieu le veut, cela lui plaît. Il fait d'amples provisions pour que nous soyons spirituellement nourris. La Bible nous signale plusieurs exemples :

Psaume 50 : 5, 23 : « Rassemblez-moi mes fidèles, qui ont fait alliance avec moi par le sacrifice ! Celui qui offre pour sacrifice des actions de grâce me glorifie, et à celui qui veille sur sa voie je ferai voir le salut de Dieu. »

PSAUME 122 : 1 : « Je suis dans la joie quand on me dit : allons à la maison de l'Eternel. »

PSAUME 84 : 3, 5 : « Mon âme soupire et languit après les parvis de l'Eternel … Heureux ceux qui habitent ta maison … ».

Si Dieu avait une meilleure place pour guider ceux qui l'ont accepté comme leur sauveur personnel, il l'aurait fait.

b.) C'est un moyen de s'engager dans les exercices de piété tels que les prières d'intercession les uns pour les autres, les jeûnes, les exhortations, les offrandes, l'enseignement et la dîme, en mettant l'accent principal sur Dieu, notre bienfaiteur. PSAUME 133 : 1, 3 : « Voici, ô, qu'il est agréable pour des frères de demeurer ensemble dans l'unité ! C'est là que le Seigneur envoie la bénédiction, la vie pour l'éternité. »

c.) C'est un moyen de raffermir sa foi en écoutant les exhortations, les témoignages et le succès des autres dans leurs luttes quotidiennes. On peut ainsi s'entraider. « La foi vient de ce qu'on entend et ce qu'on entend vient de la parole de Dieu. » (ROMAINS 10 : 17)

d.) C'est une occasion pour l'esprit de s'engager dans un autre type d'activités. Un tel changement facilite une variété de pensées et la réflexion sur l'ordre prioritaire dans la vie. En effet, pendant la semaine, on a dû faire face à des problèmes de toutes sortes provenant de différentes sources : au travail, à la maison, dans le métro, naviguer à travers les pics et les vallées de la vie mondaine, ajoutés au malaise personnel. Quand arrive le jour pour aller à l'église, on éprouve un répit. Ouf ! quel soulagement ! Pour au moins quelques heures, on va s'oublier un peu, oublier les tracas, les remettre à Dieu par des prières et des supplications, se concentrer sur un Père grand et les merveilles de sa création, « croître dans la grâce et la connaissance de notre Seigneur et Sauveur Jésus-Christ » (2 Pierre 3 : 18).

e.) C'est l'occasion de s'exhorter les uns les autres et de veiller les uns sur les autres. Car quand viendront les derniers jours, les hommes seront égoïstes, avares, vantards, hautains, ingrats, irréligieux, amateurs de plaisirs, au détriment parfois de leurs voisins, sans tenir compte de ceux qui les entourent (2 Timothée 3 : 3-9). Pourtant, ils n'ont aucun contrôle réel sur leur vie ou leur mort. En outre, nous sommes bombardés par toutes sortes d'attaques, de philosophies, dans le domaine séculier, d'une logique qui persiste à nier l'existence de Dieu. Alors, en dépit de toutes les stratégies et les réfutations, de tels arguments ont, en fin de compte, un impact sur notre compréhension et notre réflexion sur les choses spirituelles. C'est pourquoi l'Église exige la présence de dirigeants spirituels compétents et soucieux pour guider le troupeau.

Hébreux 13 : 17 : « Obéissez à vos conducteurs et ayez pour eux de la déférence, car ils veillent sur vos âmes comme devant en rendre compte ; qu'il en soit ainsi, afin qu'ils le fassent avec joie, et non en gémissant, ce qui ne vous serait d'aucun avantage. »

1 Jean 1 : 3 : « Ce que nous avons vu et entendu, nous vous l'annonçons, à vous aussi, afin que vous aussi vous soyez en communion avec nous. Or, notre communion est avec le Père et avec son fils Jésus-Christ. »

II — *Impact socioculturel*

La fréquentation d'une église nous permet de satis-faire de grands besoins tels que :

a.) Le besoin d'appartenance. Rappelons-nous les mots du poète et prédicateur anglais John Donne : « Nul n'est une île. » Nous avons besoin d'appartenir à une communauté, à une famille pour notre plein épa-nouissement. Quand dans une communauté, tout le monde vise un même but, l'effort conjugué des membres de cette communauté a un impact considérable sur tous. En MATTHIEU 18 : 19, Jésus déclare : « Si deux d'entre vous s'accordent sur la terre pour demander une chose quelconque, elle leur sera accordée par mon Père qui est dans les cieux. »

b.) Le besoin de répit et de changement d'activités pour renouveler notre vigueur et nous refaire avant de reprendre la route.

c.) Le besoin de protection contre l'ennui et la soli-tude. Celui qui s'exhorte seul ne pourra pas appréhender toute la portée de la Bible. Il faut écouter les commen-taires, les explications, les exhortations et les enseigne-ments de quelqu'un d'autre pour avoir de nouvelles perspectives. « Du choc des idées jaillit la lumière. »

d.) Le besoin d'une évaluation objective de nous-mêmes et de nos performances. Le genre humain a une tendance naturelle à se ménager : tout va bien tant qu'on est seul. Faute de ‹ compétition positive ›, on peut devenir stagnant, voire reculer. Car si l'on n'écoute pas d'autres voies familières et de façon régulière pour ap-précier ses performances par rapport aux autres membres de la communauté, on risque de se sentir satisfait et d'atteindre sa limite prématurément.

e.) Le besoin de soutien, d'esprit d'entraide face aux vicissitudes de la vie : les tribulations, les épreuves, le divorce, la maladie, la mortalité, les tragédies, le désastre économique et familial. Peu importe les tares et les défauts des frères et sœurs, il vaut la peine de les avoir à nos côtés pour nous aider à remonter le courant.

f.) Le besoin d'être utile, d'exercer nos talents, d'apprécier ceux des autres qui partagent la même foi que nous (musique, sport, jeux, arts …). Le monde séculier, c'est-à-dire ceux qui ne partagent pas notre foi, peut s'engager dans des activités contraires à nos intérêts spirituels. Que de fois un couple chrétien n'est-il pas invité à des petites fêtes de famille, des mariages, des occasions de réjouissances, et peu après son arrivée, l'atmosphère change : musique envoûtante, danse, alcool, cigarettes … D'où la nécessité de faire montre de discernement pour identifier les déviations, et savoir quand se retirer ou ne pas s'y présenter du tout. Avec les gens qui nourrissent les mêmes passions et aspirations que nous, le nombre de surprises désagréables diminue.

L'attitude convenable envers l'église selon la Bible

On peut parcourir toute *la Bible,* plus précisément *le Nouveau Testament,* se séparer des fidèles n'est jamais recommandé. « N'abandonnons pas notre assemblée, comme c'est la coutume de quelques-uns ; mais exhortons-nous réciproquement, et cela d'autant plus que vous voyez s'approcher le jour ». (HÉBREUX 10 : 25) L'auteur exhorte les croyants à rester fermes dans la foi, spécialement quand ils voient s'approcher le jour. De quel jour parle-t-il ? Celui du retour de Jésus. En d'autres termes, quand nous voyons s'approcher la fin des temps, nous devons nous unir, rester vigilants et nous assurer que nous sommes prêts. L'un des moyens de se préparer consiste à fréquenter son assemblée avec l'esprit des Béréens qui « examinaient chaque jour les Ecritures, pour voir si ce qu'on leur disait était exact » (Actes 17 : 11). C'est la tâche de chaque chrétien conséquent de rester vigilant jusqu'au moment où il deviendra impossible pour l'assemblée des croyants de se réunir, peu de temps avant le retour de Jésus.

Nul ne peut se déclarer membre de l'église universelle tout en restant foncièrement opposé à l'idée d'appartenir à une église locale ou à un groupe de croyants qui se réunissent pour prier et approfondir les Saintes Écritures. Bien sûr, il y a toujours des exceptions : les maladies, l'église n'est pas disponible dans la zone où l'on vit, etc. Si l'église a apostasié, le rôle du membre consiste à prier, identifier la racine du mal, exhorter avec douceur, humilité et fermeté les dirigeants pour qu'ils prennent les mesures appropriées en vue de remettre l'assemblée sur les rails du Royaume éternel. Si ces responsables rechignent ou s'amusent à récidiver, il faut prendre des dispositions pour la séparation éventuelle et aller vers une autre congrégation qui remplisse les conditions bibliques. Partout où les apôtres passaient, ils s'arrangeaient pour organiser une église, si petite fût-elle, en vue de maintenir la flamme et de raviver la foi des convertis. Nous pouvons consulter le livre des Actes des Apôtres et ceux qui le suivent pour nous en convaincre.

L'Église est un corps bien épanoui. Tout le matériel, toutes les parties d'une maison doivent être réunies et placées en un même lieu pour en faire une maison habitable. A quoi cela servirait-il à quelqu'un de dire qu'il a une maison dont l'un des murs est à New York, un autre à Washington, DC, un autre en Géorgie ou à Paris, un autre à Port-au-Prince, Haïti, la toiture à la Martinique, et la fondation est au Japon ? Ce serait de la folie furieuse. Evoluer dans l'église ou en groupe nous permet de faire fructifier nos talents pour l'édification du corps de Christ. I Corinthiens 12 nous campe la diversité des dons pour le bien-être des membres de l'église qui doivent fonctionner harmonieusement comme les membres du corps humain fonctionnent à l'unisson pour le plein épanouissement de l'être. Nous fréquentons l'église afin d'adorer le Roi des rois, de prier, de faire des dons, de contribuer à la prédication de l'évangile, de raffermir notre foi, de persévérer sur la voie de l'éternité bienheureuse qui nous est acquise seulement par le sang expiatoire de notre Seigneur et Sauveur Jésus-Christ qui est la tête, l'église constitue le corps et nous sommes les membres.

Comment Identifier la Vraie Eglise ?

A travers la Terre et particulièrement dans les pays de l'Ouest, les assemblées religieuses pullulent tels des champignons sauvages. Le nombre des croyants aussi semble augmenter. Dans certains endroits, sans exagérer, on trouve pratiquement une église à chaque carrefour. Toutes prétendent être la véritable église. Chacune d'elles se déclare l'unique détentrice de la vérité. La majeure partie d'entre elles confesse suivre Jésus comme leur unique Sauveur. Certaines vont jusqu'à déclarer que seulement ceux qui font partie de leur organisation auront accès au salut éternel. Pour rassurer leurs membres, elles n'hésitent pas à condamner les autres confessions, les qualifiant d'églises apostâtes, de Babylone, ou que sais-je encore ? Ces religions ont généralement un point commun : la contradiction. Nulle part dans *la Bible*, plus précisément dans *le Nouveau Testament*, on ne trouve cet évangile antagoniste, concurrentiel, élitiste et séparatiste.

En Luc 9 : 49, 50, nous lisons : « Jean prit la parole, et dit » Maître, nous avons vu un homme qui chasse des démons en ton nom ; et nous l'en avons empêché, parce qu'il ne nous suit pas. Jésus lui répondit : ne l'en empêchez pas, car qui n'est pas contre vous est pour vous. » La réaction de Jean accusait à la fois son manque de connaissance et de puissance, une certaine insécurité et un manque de compréhension de la portée de la mission de Jésus-Christ. L'homme naturel tend à être égoïste, à avoir un esprit borné, sectaire et ombrageux visant sa prééminence au détriment des autres. Un tel esprit témoigne d'un manque patent de maturité. Après tout, celui qui prêche Jésus et ne fait que se servir de son nom finira par disperser.

A. Qui est le fondateur de l'Eglise ?

A aucun moment de sa vie terrestre, Jésus n'a donné le feu vert à un groupe déterminé pour avoir le monopole ou l'exclusivité en matière de confession ou d'appartenance religieuse. Jésus accorda à tous les disciples le même privilège de coopérer dans son église. Tous reçurent l'Esprit saint pour s'engager dans le ministère de Dieu. S'adressant aux disciples, « Jésus dit de nouveau : La paix soit avec vous ! Comme mon Père m'a envoyé, moi aussi je vous envoie. Il souffla sur eux et leur dit : Recevez le Saint-Esprit » (JEAN 20 : 21-23). Notez que Jésus a fondé **une** Eglise. Il n'est pas le fondateur des nombreuses religions, églises ou sectes qui prolifèrent aujourd'hui dans le monde. Il dit : « Je bâtirai **mon** Église … » Cela étant, si Jésus a établi son église, on doit pouvoir la dépister. Où se trouve-t-elle ? Quels sont les signes qui nous permettent de l'identifier ?

B. Qui fait partie de l'Église du Christ ?

Les données bibliques veulent que l'Eglise chrétienne soit fondée, selon la révélation faite à Pierre en MATTHIEU 16 : 1 6-18, sur Jésus-Christ, le Fils du Dieu vivant. Il déclara entre autres : « Là où deux ou trois sont assemblés en mon nom, je suis au milieu d'eux. » (MATTHIEU 18 : 20) La concrétisation de cette révélation se manifesta au moment de la Pentecôte où, sous l'influence du Saint-Esprit, une multitude d'âmes acceptèrent la vérité de Christ afin d'être sauvées. Depuis, que ce soit à Jérusalem, en Judée, en Samarie, à Césarée, Chypre, Antioche, un peu partout, l'évangile est prêché. L'Eglise représente la totalité des personnes qui se sont retirées des pratiques séculières du monde pour faire partie du « corps de Christ » (EPHÉSIENS 1 : 22, 23).

Dans un sens plus large, l'église est aussi appelée : Assemblée, Maison de Dieu, Vigne du Seigneur, Temple, la Femme, l'épouse de l'agneau. On présente également les églises locales des régions faisant partie de l'Eglise universelle comme l'épouse qui doit être sans tâche pour recevoir son époux, Jésus-Christ. Contrairement à ce que prétendent les ténors des différentes dénominations, l'Eglise universelle transcende les mesquineries de chapelle qui jaillissent ici et là. Elle est l'Assemblée des croyants unis par Jésus-Christ, l'auteur et le consommateur de la foi de tous les chrétiens. La vérité ne saurait être divisée. Pour y parvenir, cela réclame non seulement la sincérité, l'humilité mais aussi la bonne volonté, la diligence, la discipline et le zèle pour aller à la recherche de cette vérité. Il faut aussi le courage et la probité pour la mettre en pratique ; elle peut dès lors nous forcer à sortir de notre zone de confort. La vérité exige des changements souvent difficiles à appliquer. La vérité coûte.

A part cette tendance à s'approprier le monopole du salut, certains claironnent aussi que nous vivons la fine de l'ère de l'église. Ce message trouve de plus en plus écho au fil du temps. Toutefois, il est sage de se rappeler que Dieu est omniscient. Il sait et voit la fin dès le commencement. Le moment viendra pour le Maître d'avoir un seul berger un seul troupeau. En JEAN 14 : 16-18, il promet de ne pas laisser l'église orpheline, mais de lui envoyer un consolateur pour demeurer avec elle

éternellement. Selon MATTHIEU 28 : 18-20, l'Église
a pour mission de faire connaître la vérité à travers la
terre entière afin de gagner des âmes pour le Royaume
éternel dont l'établissement est imminent et pour servir
de témoignage aux rebelles.

Si nous restons dans l'esprit de Jésus, nous verrons
qu'il met l'emphase sur l'imminence de l'établissement
du Royaume éternel. Il inaugura son ministère en déclarant que le Royaume de Dieu est proche (MARC 1 : 15).
Il voulait ainsi le rassemblement de tous les adeptes,
tous ceux qui, par la foi, acceptaient de faire partie du
nouveau système qu'il s'apprêtait à établir. L'Eglise était
donc un moyen de réunir les fidèles, de leur enseigner
la vérité, les exhorter et les préparer pour la Parousie.
Hélas ! Que de fois n'en avons-nous fait qu'une fin en
soi. Au lieu d'attirer les gens à Christ, nous les orientons
vers nous, notre religion, notre bâtiment, notre pasteur,
notre évêque. Au lieu de prôner l'évangile, nous prônons
le sectarisme. Au lieu de faire de l'église un organisme
vivant, nous en faisons une organisation statique.

- L'église n'est pas Christ, elle conduit à Christ.

- L'église n'est pas le Royaume de Dieu, elle doit
  diriger les croyants vers le Royaume.

- L'église n'est pas la lumière, elle doit refléter la
  lumière divine.

- L'église n'est pas l'évangile, elle doit prêcher
  l'évangile de Jésus-Christ.

A cause du comportement répréhensible de la
plupart des croyants, si un non-croyant s'intéressait à
connaître un peu de la vie chrétienne, il risquerait d'être
confus par les querelles doctrinales, les voix discordantes

entendues de partout. Trop de courants d'idées, trop de conflits, trop de compétitions !

Voilà pourquoi des millions de gens sont à la recherche de valeurs uniques, ils essayent différentes religions, idées et théories empruntées des psychologues, sociologues, philosophes et théologiens modernes. Certains vont jusqu'à rassembler diverses idées et pratiques tirées çà et là pour créer leur propre credo. Ils aboutissent à une sorte de syncrétisme religieux. Mais l'essentiel leur échappe : le christianisme authentique n'est pas à vendre. Il n'est pas un amalgame de lois, de préceptes, ni une liste de doctrines, de croyances, mais un mode de vie pratique et active calqué sur Jésus-Christ. Plus d'un éprouve un grand plaisir à parler de sa religion, mais le christianisme authentique est le reflet de Jésus, la façon active de se comporter. Il se révèle dans ses actions, sa conduite dans ses relations avec l'Être suprême et son prochain. C'est une simple question d'ordre relationnel. Mais d'aucuns tiennent à en faire une affaire doctrinale, dogmatique. Il nous faut plus qu'une foi théorique ornée de vains rituels. Nous avons besoin de montrer notre credo dans notre façon de vivre. La réalité de l'imminence de l'établissement du Royaume de Dieu doit guider notre vie et motiver chacune de nos actions. On doit toujours voir Jésus en nous dans tous les aspects et toutes les circonstances de notre vie. Voilà le défi constant de tout croyant. Il est un livre ouvert, et pour plusieurs, le seul livre ouvert dans lequel ils peuvent lire la vérité salvatrice.

Quand j'étais gosse, je prenais plaisir à lire tout ce qui me tombait sous les yeux. Inutile de vous dire qu'il m'arrivait de lire des livres qui me dépassaient. La Bible figure parmi les livres que j'avais dévorés rapidement sans pour autant saisir leur portée. Il m'a fallu plusieurs visites à cette source inépuisable pour y découvrir les perles qui s'y trouvent. Il me fallait grandir, acquérir un peu plus de maturité, prendre du temps pour méditer, développer une relation avec le vrai auteur de la Bible, recevoir de lui son Esprit pour saisir l'explication de certains passages. C'est une relation progressive, dynamique.

Nous sommes tous marqués par le milieu dans lequel nous évoluons. Nous vivons dans un siècle de vitesse, un monde où tout est permis. C'est l'ère de l'individualisme. Le domaine spirituel n'est pas immunisé contre cette vague. L'église aussi semble adopter cette philosophie, où tout est axé sur l'individu et sur ce qu'il accepte comme mode de vie. Il n'y a plus d'absolu. Chacun fait comme bon lui semble. L'esprit communautaire s'évanouit. Il est remplacé par tout ce qui est personnel : mon église, ma conférence, ma religion, mon Jésus, mon salut, ma foi, ma vie, mon pasteur, ma résurrection … La chrétienté est devenue une caricature libérale où l'homme lui-même prend l'initiative de déterminer ce qu'il accepte et ce qu'il rejette. Dieu est mis dans une boite qui jour après jour se rétrécit.

Bien-aimés, ne nous berçons pas d'illusions. Dieu veut l'esprit communautaire, une assemblée communautaire, c'est-a-dire une église où tout se joue pour le bien commun, où le cas de chaque membre est considéré sur cette Terre, en attendant le retour glorieux du Maître de l'univers. Cela réclame une espérance active, un christianisme incontestable. La communauté chrétienne idéale n'accepte pas de vendre sa foi et son espérance pour des intérêts immédiats et passagers au détriment du Royaume éternel. La communauté idéale vise au progrès qui se fonde sur l'équité, la justice, le respect et la dignité de chaque être. Elle veut d'un progrès au bénéfice des pauvres, qui soulage la misère des nécessiteux et s'intéresse au bien-être de chaque citoyen.

C. L'état de crise au sein de l'Eglise actuelle.

Les ténors du progrès peuvent vouloir ramer à contre-courant pour leur avantage personnel, ou celui de leur petite clique au détriment de la majorité. Ainsi les mesures de développement, de justice, de réussite suscitent, dans ce monde, une crise continuelle. Les revendications se multiplient, il y a toujours un groupe qui profite et un autre qui souffre. Dans l'Évangile selon MATTHIEU au chapitre 20, les versets 25 à 28, on peut lire : « Jésus les appela, et dit : vous savez que les chefs des nations les tyrannisent, et que les grands les asservissent, il n'en sera pas de même au milieu de vous … Le Fils de l'homme est venu non pour être servi, mais pour servir et donner sa vie comme la rançon de plusieurs. » La communauté ecclésiale doit avoir une autre philosophie, une autre approche. Jésus déclara entre autres que « là où deux ou trois sont assemblés en mon nom, Je suis au milieu d'eux. », MATTHIEU 18 : 20. Il est donc opportun de s'assurer de la présence de Jésus au milieu de l'assemblée. Que de fois on tend à sacrifier le fond, la substance de l'évangile pour attirer le plus grand nombre possible.

Voila déjà plus de 20 siècles que l'humanité a entendu ces paroles du Sauveur qui laissa la Terre avec la promesse de revenir chercher son Église. Mais quel genre d'Église reviendra-t-il chercher ? Certes, il ne nous a pas donné le nom d'une église déterminée, mais nous avons des signes distinctifs pour l'identifier.

D. **Quels sont les signes distinctifs de l'Eglise du Christ ?**

1. Dans 1 Timothée 3 : 15, elle est définie comme la maison du Dieu vivant, la colonne et l'appui de la vérité.

2. C'est une assemblée dynamique qui reçoit l'approbation divine pour propager l'évangile du Royaume éternel.

Afin de nous alléger la tâche, nous pouvons re-considérer l'époque du début du christianisme pour essayer de trouver un modèle susceptible de nous guider à étayer nos convictions. En Actes des Apôtres 2 : 42-47, nous lisons ce qui suit : « Ils persévéraient dans l'enseignement des apôtres, dans la communion fraternelle, dans la fraction du pain et dans les prières. La crainte s'emparait de chacun, et il se faisait beaucoup de prodiges et de miracles par les apôtres. Tous ceux qui croyaient étaient dans le même lieu, et ils avaient tout en commun. Ils vendaient leurs propriétés et leurs biens, et ils en partageaient le produit entre tous, selon les besoins de chacun. Ils étaient chaque jour tous ensemble assidus au temple, ils rompaient le pain dans les maisons, et prenaient leur nourriture avec joie et simplicité de cœur, louant Dieu, et trouvant grâce auprès de tout le peuple. Et le Seigneur ajoutait chaque jour à l'église ceux qui étaient sauvés. »

Le livre des Actes des Apôtres relate l'histoire des origines du christianisme, d'une église cristallisée sous le contrôle du Saint-Esprit qui se manifestait soit par l'utilisation des langues, soit par le don des miracles.

Elle avait aussi le contrôle et l'administration de la propagation de l'Evangile.

E. Critères de choix d'une église chrétienne.

1. Son fondement doit être Jésus-Christ, le Rocher des siècles, en paroles et en actions.

2. 2. L'enseignement biblique doit primer sur les traditions et la culture.

3. 3. La conduite des dirigeants doit être semblable à celle de Jésus-Christ : une vie de prières, de soucis pour le bien-être du troupeau de Dieu.

4. 4. L'objectif de l'église est simple : sauver les âmes pour Christ par la prédication de l'évangile et en prenant soin des besoins de tous ceux qui la fréquentent.

Dix Caractéristiques de la Vraie Église

Quel est donc le rôle de l'église ? Elle est une assemblée dynamique qui se soucie d'exhorter, d'instruire, d'encourager et de fortifier la foi de tous ceux qui s'engagent sur la voie menant à l'éternité bienheureuse. Elle veille en même temps à leur plein épanouissement pendant leur passage sur cette terre. L'église primitive en est le prototype et mérite toute notre attention.

I. Jésus : La Base De L'eglise Authentique

« Jésus est la Pierre Angulaire »
EPHÉSIENS 2 : 20

Il demeure un fait indéniable que la solidité et la longévité d'un bâtiment dépendent de sa capacité à subir les rigueurs de l'environnent, rester ferme contre les intempéries et réussir valablement à endurer les épreuves que requiert son existence.

Cependant, le nombre d'étages, les fonctions d'un bâtiment, et le quartier où il est placé, tout cela résulte de sa fondation. La capacité des gratte-ciels de résister aux défis de la nature et même à des actes criminels est fonction de leurs bases. L'architecte, l'ingénieur, le constructeur ou le propriétaire négligent, frugal et paresseux aura la plus désagréable surprise de sa vie si les matériaux qui ont servi à ériger le bâtiment sont défectueux, de mauvaise qualité ou de quantité insuffisante.

Inutile de dire combien il est crucial que la véritable Église ait des fondements solides, repose, en un mot, sur une rigueur et une exactitude sans faille. Nous pouvons affirmer, à la lumière de la Bible, qu'il n'est pas de meilleure base pour l'Assemblée des saints que Jésus-Christ. Il est le roc séculaire, la pierre principale de l'angle dont on ne peut se départir pour le fondement de l'Église authentique. On ne saurait parler d'église idéale, sans connaître Jésus-Christ, car l'église n'existe pas en dehors de son fondateur unique. Il est la tête qui fait d'elle l'organisme vivant. Le Christ et l'Église sont donc inséparables. Comment pouvons-nous savoir qu'une église a Jésus-Christ à sa base ? Quels sont les signes d'une assemblée dont Jésus-Christ est la pierre angulaire ?

Jésus-Christ : Le fondement de l'Eglise.

Pourquoi Jésus-Christ et pas un autre ?

Pour répondre valablement à cette question, il vaut la peine de commencer par se demander : qui est Jésus-Christ ? Le prophète Esaïe qui a vécu au cours de la seconde moitié du VIIIème siècle avant J.-C., avait déjà prédit la venue du Messie : « C'est pourquoi le Seigneur lui-même vous donnera un signe, voici la jeune fille deviendra enceinte, elle enfantera un fils, et elle lui donnera le nom d'Emmanuel. » (ESAÏE 7 : 14). Plus loin, en ESAÏE 9 : 5 il déclare, pour parler des temps messianiques : « Car un enfant nous est né, un fils nous est donné, et la domination reposera sur son épaule ; on l'appellera Admirable, Conseiller, Dieu puissant, Père éternel, Prince de la Paix. » En L'évangile de Saint MATTHIEU chapitre 1 : 18-21, Marie se trouva enceinte par la vertu du Saint-Esprit, enfanta un fils du nom

de Jésus qui devra sauver son peuple de ses péchés. En
Apocalypse 3 : 7, il se présente comme « le Saint, le
Véritable, celui qui a la clef de David, celui qui ouvre,
et personne ne fermera, celui qui ferme et personne
n'ouvrira.» Il déclare en Jean 14 : 6 :« Je suis le chemin,
la vérité et la vie.» On peut encore lire en Jean 8 : 58 :
« Jésus leur dit : En vérité, en vérité, je vous le dis, avant
qu'Abraham fut, je suis. » Jésus n'est pas devenu Fils
de Dieu *après* avoir mené une vie sainte. Ces versets
non seulement l'identifient, mais ils affirment aussi sa
préexistence. Jean 1 :1 nous dit, « Au commencement
était la parole, la parole était avec Dieu et la parole était
Dieu. » Selon Ephésiens 1 : 22, c'est le Dieu de notre
Seigneur Jésus-Christ lui même qui l'a donné pour
chef Suprême à l'Église. En Ephésiens 5 : 23, 25 et 29,
l'apôtre Paul écrit : Christ est le chef de l'Église, qui est
son corps, et dont il est le Sauveur. Christ a aimé l'Église et s'est livré lui même pour elle. Il nourrit l'église.
Jésus lui-même, au cours de son pèlerinage sur Terre, eut
à déclarer en Jean 15 : 5 : « Je suis le cep, vous êtes les
sarments. Celui qui demeure en moi et en qui je demeure porte beaucoup de fruit, car sans moi vous ne pouvez
rien faire. » Docteur Luc écrit dans Actes 4 : 12 : « Il
n'y a de salut en aucun autre ; car il n'y a sous le ciel
aucun autre nom qui ait été donné parmi les hommes,
par lequel nous devions être sauvés. »

Ces textes, et bien d'autres encore, le montrent
clairement : une église qui veut poursuivre sa course
selon la volonté de Dieu et entend fructifier ne saurait
avoir autre base que Jésus-Christ. Jésus-Christ déclara à
Pierre, en Matthieu 16 : 18 : « Tu es Pierre (Céphas)
et sur cette pierre je bâtirai mon Église ». Ce jeu de
mot entre le nom propre de Pierre, et le nom commun

pierre, qui signifie roche, ne doit pas nous porter à nous méprendre sur le rôle de l'apôtre Pierre dans l'Église. Certes Pierre était un apôtre zélé qui a accompli de grandes choses dans son ministère, mais il n'est pas la base de l'Église et ne saurait l'être. D'ailleurs, peu de temps après avoir entendu ces sublimes paroles du Seigneur, au verset 23 du même chapitre, Le Maître eut à réprimander Pierre en disant « Arrière de moi, Satan ! ». Le fait demeure, l'Église authentique est fondée sur Jésus-Christ, l'auteur et le consommateur de notre foi. Lui seul est mort pour nous, lui seul nous accorde le salut. En Jean 14 : 6 il est dit : « Car nul ne vient au Père que par Moi. » L'Église fondée sur Jésus doit demeurer en lui et marcher selon ses prescrits. En 1 Jean 2 : 6, il est dit : « celui qui dit qu'il demeure en lui doit marcher aussi comme il a marché lui-même. » En quoi consistait la vie de Jésus ?

« Ma nourriture est de faire la volonté de celui qui m'a envoyé. » (Jean 4 : 34).

Jésus est-il la base de votre église ?

Comment pouvons-nous savoir qu'une église est fondée sur Jésus-Christ ? Quand elle se soucie de s'assurer que le rachat de l'humanité est libre et accessible à tous sans distinction aucune. Jésus a tout payé sur la croix. La vraie église conduit ses membres à Christ pour avoir la vie éternelle. Etant sauvée par grâce, elle s'évertue à mettre en pratique toute sa parole sans aucune exception. Elle prend à cœur non pas de s'accommoder avec les pratiques de cette civilisation, mais de représenter dignement l'évangile qui consiste non seulement à parler de Christ, à défendre sa doctrine, mais aussi à le refléter dans la vie au quotidien et en répondant aux besoins communautaires. Selon Matthieu 9 : 35, Jésus prêchait, enseignait et guérissait. Il se souciait des besoins spirituels, physiques et matériels de ses contemporains.

Quels sont les signes d'une assemblée dont Jésus-Christ est la pierre angulaire ? Elle suit les traces du ministère de Jésus sans se détourner ni à droite ni à gauche. Jésus a clairement donné le résumé de sa mission en Luc 4 : 20-25, Jean 14 : 6, Jean 8 : 12. Accepter à le suivre nécessite un changement radical. Les textes suivants : Matthieu 5 : 48 « Soyez donc parfaits, comme votre Père céleste est parfait » ; Matthieu 7 : 21 « Ceux qui me disent : Seigneur, Seigneur ! n'entreront pas tous dans le royaume des cieux, mais celui-là seul qui fait la volonté de mon Père qui est dans les cieux », Matthieu 10 : 32 « C'est pourquoi, quiconque me confessera devant les hommes, je le confesserai aussi devant mon Père qui est dans les cieux », Matthieu 16 : 24-26, « Alors Jésus dit à ses disciples : Si quelqu'un veut venir après moi, qu'il renonce à lui-même, qu'il se charge de sa croix, et qu'il me suive. Car celui qui voudra sauver sa vie la perdra, mais celui qui la perdra à cause de moi la trouvera. Et que servirait-il à un homme de gagner tout le monde, s'il perdait son âme ? ou, que donnerait un homme en échange de son âme ? » Jean 13 : 34, « Je vous donne un commandement nouveau : Aimez-vous les uns les autres ; comme je vous ai aimés, vous aussi, aimez-vous les uns les autres. » Jean 15 : 12-17 : « C'est ici mon commandement : Aimez-vous les uns les autres, comme je vous ai aimés. Il n'y a pas de plus grand amour que de donner sa vie pour ses amis. Vous êtes mes amis, si vous faites ce que je vous commande. Je ne vous appelle plus serviteurs, parce que le serviteur ne sait pas ce que fait son maître ; mais je vous ai appelés amis, parce que je vous ai fait connaître tout ce que j'ai appris de mon Père. Ce n'est pas vous qui m'avez choisi ; mais moi, je vous ai choisis, et je vous ai établis, afin que vous alliez, et que vous portiez du fruit, et que votre fruit demeure, afin que ce que vous demanderez au Père en mon nom, il vous le donne. Ce que je vous commande, c'est de vous aimer les uns les autres. » et MATTHIEU 28 :19-20 « Allez, faites de toutes les nations des disciples, les baptisant au nom du Père, du Fils et du Saint-Esprit, et enseignez-leur à observer tout ce que je vous ai prescrit. Et voici, je suis avec vous tous les jours, jusqu'à la fin du monde. » Ces textes établissent sans l'ombre d'un seul doute l'identité de tout chrétien.

A travers les évangiles, nous pouvons voir l'essentiel du ministère de Jésus-Christ. Emu de compassion, il parcourait les villes, le long des haies et des futaies, enseignant dans les synagogues, prêchant la bonne nouvelle du Royaume, guérissant toute maladie et toute infirmité du peuple, alors que les défenseurs du système établi l'épiaient, le détestaient et cherchaient à le faire mourir. Pourquoi ?

Une des principales raisons de l'opposition constante entre Jésus, d'un côté, les Scribes et les Pharisiens qui étaient les chefs religieux en son temps de l'autre, tournait autour de la vraie adoration, la vie authentique, selon Jésus. Les juifs donnaient priorité à l'apparence, Jésus épousait ce que nous lisons en 1 SAMUEL 16 : 7 : « L'homme regarde à ceux qui frappent les yeux, mais l'Eternel regarde au cœur. » Les leaders juifs ne pouvaient pas supporter Jésus, à cause de leurs préjugés. Ils étaient des légalistes qui passaient leur temps à essayer de découvrir de nouveaux moyens pour rendre l'observation des lois divines plus strictes et plus encombrantes. Jésus visait le contraire : « Mon joug est doux et mon fardeau léger. » (MATTHIEU 11 : 30) Il leur manquait l'essentiel pour être les vrais serviteurs de Dieu : l'amour, la miséricorde, la compassion, le zèle pour se mettre au service de la population. Jésus déclara dans MATTHIEU 20 : 26 : « Quiconque veut être le premier parmi vous, qu'il soit votre esclave. » Si nous lisons MATTHIEU 9 : 9-17, 32-34 (ou bien les chapitres 11 : 19-24 ; 12 : 53-58 ; 15 : 2-9 ; 16 : 1-2 ; 19 : 3 ; 21 ;15, 16, 23, 45 et 41 ; 22 : 15-46 ; 26 : 3, 4 ; 27 : 1, ou encore Marc, Luc ou Jean), nous découvrons un fait commun : les prêtres, les scribes et les anciens du peuple étaient tous opposés à Jésus, car sa compréhension du saint ministère était d'enseigner, de prêcher, de nourrir les affamés, guérir les malades et de faire du bien partout où il allait.

II. La véritable église est une lumière

« Ta parole est une lampe à mes pieds, et une lumière sur mon sentier » PSAUMES 119 : 105

Il est évident que la lumière joue un rôle important dans les activités quotidiennes. Jusqu'à mon adolescence, j'écoulais mon existence dans une ville où les coupures du courant électrique se faisaient religieusement à n'importe quelle heure du jour et de la nuit. Vous vous imaginez l'impact d'une pareille situation sur la population et cela dans tous les domaines. Les étudiants devaient s'y accommoder, et leur avenir était à la merci de la compagnie électrique. Parfois, même l'éclairage des rues n'était pas exempte. Cela affectait les études de plusieurs écoliers qui devaient aller se coucher sans connaitre leurs leçons tandis que les parents montaient la garde pour les réveiller quand le courant électrique redevenait disponible très tard dans la nuit. Je garde encore le souvenir dépalissant de ces moments défavorables.

Le fait demeure que nous ne pouvons rien faire dans les ténèbres. Nous avons peur de nous heurter contre des objets qui peuvent être dangereux, et nous être funestes. Nous risquons de nous faire du tort si nous nous aventurons dans les ténèbres sans identifier les dangers qui nous attendent et qui nous menacent.

L'éclairage se manifeste par degré. Il est rare de trouver quelqu'un qui aurait préféré employer une lampe à kérosène après avoir eu accès à l'éclairage complet et avancé. Si les ténèbres physiques ou intellectuelles peuvent nous coûter très chères, celles qui sont d'ordre spirituel sont encore plus dévastatrices. Elles affectent notre existence ici-bas, ainsi que notre destinée éternelle. S'il nous faut le meilleur éclairage pour nos affaires séculières, il est aussi important que nous trouvions la pleine lumière pour notre croissance spirituelle.

Aucune source lumineuse n'est comparable aux oracles sacrés. C'est un trésor inépuisable qui mérite toute notre attention. « Vous sondez les écritures parce que vous pensez avoir en elle la vie éternelle. Ce sont elles qui rendent témoignage de moi. » (JEAN 5 : 39). Les oracles sacrés représentent donc le moyen unique de connaître toute la vérité et de marcher dans la lumière qui aboutit à la vie éternelle Nous apprécions ce cri de nos prédécesseurs « Sola Scriptura ! ».

Nous vivons l'ère des penseurs sophistiqués qui remettent tout en question. L'autorité et l'authenticité de la Bible sont contestées par plus d'un. Les gens veulent y trouver ce qui justifie leurs philosophies, leurs croyances et leurs conduites. Ils utilisent leur propre interprétation et trouvent les textes avec une certaine facilité pour étayer leur philosophie, pour se disculper de toute leur incrédulité, et s'innocenter de leurs culpabilités. D'aucuns vont jusqu'à classer la Bible comme un livre parmi tous les autres et n'y accordent aucune importance. Une autre catégorie d'individus déclare que la Bible est « un livre» parmi les autres livres importants de la vie. Ici nous voulons affirmer clairement que **la Bible est la seule source de lumière pour le croyant obéissant.** JACQUES 1 : 22 nous dit ceci : « Mettez en pratique la parole, et ne vous bornez pas à l'écouter, en vous trompant vous-mêmes par de faux raisonnements. »

L'Église prend appui sur la Bible. Elle la reconnaît comme la parole de Dieu à la race humaine. La véritable assemblée de Dieu s'adonne à l'enseignement de la doctrine biblique. Elle se passionne à sonder constamment les écritures et à mettre en pratique ce qu'elles enseignent. Il vaut la peine d'imiter l'exemple des premiers chrétiens. Il faut développer un amour naturel pour apprendre et se nourrir constamment de la parole du Maître. Le chrétien doit développer un engagement constant pour l'étude de la parole de Dieu. ACTES 2 : 42 nous dit : « Ils persévéraient dans l'enseignement des Apôtres. » ACTES 17 : 2 déclare : « Paul y entra, selon sa coutume. Pendant 3 sabbats, il discuta avec eux, d'après les écritures.». Au verset 11 « Ces juifs avaient des sentiments plus nobles que ceux de Thessalonique ; ils reçurent la parole avec beaucoup d'empressement, et ils examinaient chaque jour les Ecritures, pour voir si ce qu'on leur disait était exact.» ACTES 18 : 28 déclare,

« Car il réfutait vivement les juifs en public, démontrant par les Ecritures que Jésus est le Christ. »

2 Timothée 3 : 16,17 « Toute Ecriture est inspirée de Dieu, et utile pour enseigner, pour convaincre, pour corriger, pour instruire dans la justice, afin que l'homme de Dieu soit accompli et propre à toute bonne œuvre ». Psaumes 119 : 11 nous dit : « Je sers ta parole dans mon cœur. »

III. La prière – la source d'oxygène de l'église

« Priez Dieu maintenant, pour qu'il ait pitié de nous ! »
Malachie 1 : 9

Que penser d'un édifice qui est pourvu de tout ce qu'on peut imaginer : les meubles les plus extravagants et coûteux, dans un quartier huppé où tout est beau et admirable. Et puis le jour de l'inauguration de cet édifice, tous les dignitaires se présentent. Tout a été prévu, sauf la climatisation. Avec une température au dessus de 100 degrés Fahrenheit ou au dessous de 0 degrés, cette inauguration est vouée à l'échec. Certainement nul être normal n'aurait pensé à construire un édifice respectable sans planifier un système de climatisation qui peut résister à toute épreuve. Sinon, l'édifice ne pourrait pas subir toutes les rigueurs des saisons. Les occupants l'auraient abandonné. Il finirait par s'écrouler. Si la climatisation n'est pas facultative pour un bâtiment, surtout dans les pays où l'hiver est rigoureux, à plus forte raison l'église du Seigneur ne peut subsister sans son système de climatisation qui est la **prière**.

Nous lisons en Actes 2 : 42 « ils persévéraient dans les prières», c'est-à-dire leurs vies tournaient autour de la Prière. En 1 Timothée 2 : 1, l'apôtre Paul déclare :

« J'exhorte donc, avant toute chose, à faire des prières, des supplications, des requêtes, des actions de grâces, pour tous les hommes». Il continue au verset 8 du même chapitre : « Je veux donc que les hommes prient en tout lieu, en élevant les mains pures, sans colère ni mauvaises pensées.» Le Psalmiste écrit au PSAUMES 65 : 3, « O toi, qui écoutes la prière ! Tous les hommes viendront à toi. » Le sage déclare en PROVERBES 15 : 8 et 29 que la prière des hommes droits est agréable à l'Eternel. Il écoute la prière des justes. En ÉSAÏE 56 : 7, le prophète rappelle le vœu divin, « Ma maison sera appelée une maison de prière pour tous les peuples. »

Luc nous rappelle, en ACTES 1 : 14, que tous d'un commun accord persévéraient dans la prière. L'apôtre Paul de surenchérir en EPHÉSIENS 6 : 18 : « Faites en tout temps par l'Esprit toutes sortes de prières et de supplications. Veillez à cela avec une entière persévérance, et priez pour tous les saints. »

Il ne fait aucun doute que l'Assemblée chrétienne idéale doit toujours prier. D'ailleurs Jésus lui-même, quoique Dieu, passait des heures, des nuits et des jours en prière pour réclamer la force d'en haut afin de s'acquitter de sa mission. Si votre congrégation n'aime pas prier, exhortez-la avec tact et douceur à se remettre sur les rails de la prière En réalité, **l'Église n'a pas une plus excellente mission que de toujours prier,** non seulement pour solliciter la présence permanente du Très Haut en son sein, mais aussi pour réclamer les faveurs divines pour les fidèles, et sa protection contre les flèches de l'ennemi. En MATTHIEU 26 : 41 Jésus nous dit : « Veillez et Priez ! »

IV. Une assemblée dynamique au service de la communauté.

« *Si tu peux quelque chose, viens à notre secours* »
MARC 9 : 22.

Selon MATTHIEU 20, à partir du verset 20, Jésus répondit à la demande des fils de Zébédée en déclarant que : « quiconque veut être grand parmi vous, qu'il soit votre serviteur. » Cette déclaration servit de toile de fond au ministère de notre Seigneur. Pendant son séjour sur cette terre, il ne négligeait aucune occasion pour montrer sa passion pour les âmes. A en citer pour preuve la multiplication de pains que nous lisons dans MATTHIEU 14 : 13-21, et MATTHIEU 15 : 29-39. L'église primitive est décrite ainsi : « Ils persévéraient dans la Communion fraternelle, dans la fraction du pain. Tous ceux qui croyaient étaient dans le même lieu, et ils avaient tout en commun Ils vendaient leurs propriétés et leurs biens, et ils en partageaient le produit entre tous, selon les besoins de chacun. » (ACTES 2 : 42-46).

En MATTHIEU 14 : 16 : « Jésus leur répondit » ils n'ont pas besoin de s'en aller ; donnez-leur vous mêmes à manger.». JACQUES 2 : 15,16 nous dit : « Si un frère ou une sœur sont nus et manquent de la nourriture de chaque jour, et que l'un d'entre vous leur dise : Allez en paix, chauffez-vous et vous rassasiez ! Et que vous ne leur donniez pas ce qui est nécessaire au corps, à quoi cela sert-il ?»

« La religion pure et sans tâche, devant Dieu notre Père, consiste à visiter les orphelins et les veuves dans leurs afflictions, et à se préserver des souillures du monde. » (Jacques 1 : 27).

Matthieu 9 : 35, 36 : « Jésus parcourait toutes les villes et les villages, enseignant dans les synagogues, prêchant la bonne nouvelle du royaume, et guérissant toute maladie et toute infirmité. Voyant la foule, il fut ému de compassion pour elle, parce qu'elle était languissante et abattue, comme des brebis qui n'ont point de berger. »

Jude 3 nous dit : « Bien-aimés, comme je désirais vivement vous écrire au sujet de notre salut commun. »

3 Jean 2 nous dit : « **Bien-aimé, je souhaite que tu prospères à tous égards et sois en bonne santé, comme prospère l'état de ton âme.** »

Le thermomètre de l'assemblée est son dévouement au service de la communauté. Remarquons que l'église primitive se souciait de la satisfaction de tous les besoins de ses membres. Tout se partageait, et de façon volontaire. C'est ce dont l'apôtre parle en 1 Corinthiens 12 : 4-31. Nous sommes tous membres d'un seul corps sous la direction d'un même esprit. Chacun de nous peut aisément comprendre que l'organisme humain partage tout entre toutes les parties du corps. Le cœur ne peut pas prendre tout le sang et se l'approprier exclusivement. Les poumons ne peuvent pas garder jalousement tout l'oxygène. Si une partie du corps décidait de ‹ boycotter › une autre ou de l'ignorer ou la maltraiter, elle finirait par se détruire elle-même, et tout l'organisme en pâtirait. C'est une relation interdépendante.

Les épreuves, les souffrances des autres doivent nous concerner personnellement. Le fonctionnement idéal du corps de Christ se fait à la manière du corps humain. ‹ Koinonia › est un mot grec très important dans la vie de l'église primitive. Il sous entend l'esprit communautaire, le désir de tout réunir pour un partage équitable suivant les besoins de la communauté.

V. Une assemblée organisée qui préconise l'ordre hiérarchique et le respect des principes

« Je vois avec joie le bon ordre qui règne parmi vous »
COLOSSIENS 2 : 5

Quels que soient le lieu, le but ou le type d'organisation, une entreprise ne peut durer, voire prospérer dans l'anarchie. L'histoire d'une civilisation révèle que l'heure du déclin sonne quand les citoyens ne sont plus organisés sous une autorité cohérente. Chacun poursuit son petit but égoïste au détriment du bien commun et refuse de reconnaître une seule autorité. Les valeurs communes sont mises en veilleuse. La Justice, la stabilité, la sécurité, et le respect font place aux abus, aux vices, à la corruption, à la dictature, et à la torture. C'est la dégradation, l'absence de cohésion, de collaboration, c'est la grève, la désobéissance et c'est la débandade générale et l'écroulement du système. Nous lisons en MATTHIEU 12 : 25 que toute maison divisée sera détruite. Selon ACTES 2 : 42 : « Ils persévéraient dans l'enseignement des apôtres. » 1 CORINTHIENS 14 : 40 nous dit : « Que tout se fasse avec ordre et bienséance. »

ACTES 13 : 1, 2 nous dit : « Il y avait dans l'église des prophètes et des Docteurs … ». L'apôtre Paul mentionne les différents talents et les différents rôles des membres pour l'édification de toute l'assemblée. Le souci majeur est de contribuer à la paix et à l'édification mutuelle (ROMAINS 14 : 19).

HÉBREUX 13 : 17 nous dit : « obéissez a vos conducteurs et ayez pour eux de la déférence, car ils veillent sur vos âmes comme devant en rendre compte ; qu'il en soit ainsi, afin qu'il le fassent avec joie, et non en gémissant, ce qui ne vous serait d'aucun avantage. » En d'autres termes, dans l'église chacun a un ministère et il s'en acquitte. L'église prie et agit sous l'influence du Saint-Esprit qui la guide. Chacun trouve sa place. Le travail de personne n'est méprisé. Les responsables l'apprécient et en rendent témoignage. Les dirigeants aussi doivent être appréciés et respectés.

APOCALYPSE 2 : 5 « Souviens toi donc d'où tu es tombé, repens- toi, et pratique tes premières œuvres ; sinon, je viendrai à toi, et j'ôterai ton chandelier de sa place, à moins que tu ne te repentes. » L'église du reste doit s'assurer que tous ses membres sont actifs et pratiquent les bonnes œuvres.

EPHÉSIENS 4 : 11-15 nous présente la diversité de dons dans l'unité de la foi, l'exercice de l'amour, l'équité et le respect permettant à tous de collaborer en vue de la réalisation des objectifs de la congrégation et la répartition des services selon les besoins et les possibilités de chacun. A ne point oublier le soutien dans les épreuves et les afflictions. ROMAINS 13 : 2 nous invite à ne pas résister à l'autorité. Et l'autorité de l'église est soumise à l'autorité ultime qui est Jésus-Christ.

VI.-a Une assemblée guidée par l'esprit

« Voici, je répandrai sur vous mon esprit »
Proverbes 1 : 23

Que penser d'un bâtiment somptueux dont on aurait négligé de placer une toiture dessus ? C'eut été de la folie furieuse, me diriez-vous. Eh bien, dans l'Église, le Saint-Esprit nous met à l'abri des intempéries de la vie. C'est le thermostat de l'assemblée chrétienne. Zacharie 4 : 6 nous dit : « Ainsi parle l'Eternel, ce n'est ni par la force, ni par la puissance, mais c'est par mon Esprit. ».

Ephésiens 5 : 18 déclare : « Ne vous enivrez pas de vin : c'est de la débauche. Soyez, au contraire, remplis de l'Esprit. ».

Joël 2 : 28 : « Je répandrai mon esprit sur toute chair.»

L'église peut posséder tout ce qu'il faut aux yeux de cette génération, mais si elle n'a pas l'Esprit de Dieu, elle demeurera stagnante, divisée, chimérique, égoïste, tiède, insouciante et corrompue. Une église sans le Saint-Esprit est privée de son essence. Elle marche dans les ténèbres, et elle se fourvoie. Notre société mesure le succès d'une communauté par son pouvoir économique, par son champ d'influence, par ses actifs sociaux économiques, et par sa présence dans la presse. Mais ce qui compte pour Dieu c'est une assemblée de fidèles qui agit sous la mouvance de son Esprit. Que de fois les sociétés, les assemblées sont remplies de l'esprit pour s'engager dans toutes sortes d'activités. Mais nul ne peut être sûr qu'elles sont cautionnées par le Saint-Esprit. L'église authentique doit être toujours sous le contrôle de l'Esprit du Dieu vivant.

VI.-b Une Assemblée Qui Possede le Fruit de L'esprit

« Produisez donc du fruit digne de la repentance »
Matthieu 3 : 8

Galates 5 : 22 « mais le fruit de l'Esprit, c'est l'amour, la joie, la paix, la patience, la bonté, la bénignité, la fidélité, la douceur, la tempérance ». Nous lisons en Éphésiens 5 : 9, « Le fruit de la lumière consiste en toute sorte de bonté, de justice et de vérité. »

Les membres de l'église primitive étaient tous ensemble assidus, et prenaient leur nourriture avec joie et simplicité et jouissaient du fruit de l'esprit. Comment le savons-nous ? Ils avaient de l'amour les uns pour les autres. Ils étaient joyeux en partageant leur pain quotidien. Ils se montraient patients, bienveillants, et fidèles les uns envers les autres. 1 Pierre 3 : 8 nous dit : « Soyez tous animés des mêmes pensées et des mêmes sentiments, pleins d'amour fraternel, de compassion, d'humilité ». Selon Proverbes 29 : 23 : « l'orgueil d'un homme l'abaisse, mais celui qui est humble d'esprit obtient la gloire ». Colossiens 2 : 18 nous exhorte à nous méfier de l'apparence d'humilité. Ephésiens 4 : 1, 2 nous dit : « Marcher en toute humilité et douceur, avec patience, vous supportant les uns les autres avec charité. ».

Souffrez cette particularité : Une église où règne l'Esprit de Dieu est joyeuse et de bonne humeur. Cela peut paraitre paradoxale pour plusieurs. Consultons les textes suivants : Ésaïe 9 : 2 « Tu rends le peuple nombreux, tu lui accordes de grandes joies. », Psaumes 100 : 2 « Poussez vers l'Eternel des cris de joie vous tous habitants de la terre. »,

Colossiens 1 : 11 « Soyez toujours avec joie persévé-rants et patients. », 1 Thessaloniciens 5 : 16 « Soyez toujours joyeux. », Proverbes 15 : 15 « Tous les jours du malheureux sont mauvais, Mais le cœur content est un festin perpétuel. » et Proverbes 17 : 22 « Un cœur joyeux est un bon remède, mais un esprit abattu dessè-che les os. » Puissions-nous y penser dans nos relations avec Dieu et avec nos semblables !

VII.   Une assemblée qui loue et adore Dieu

« Toute la terre se prosterne devant toi et chante en ton honneur » Psaumes 66 : 4

« Ils louaient Dieu et trouvaient grâce auprès de tout le peuple ». Vous savez que louer signifie applaudir, apprécier quelqu'un. Parfois pour bien des raisons nous nous sentons forcés de louer des êtres qui — d'après nous — ne sont pas vraiment dignes d'être honorés. Tel n'est pas le cas pour Dieu. Il est digne de recevoir toutes nos louanges. 2 Chroniques 5 : 11-14 « Au moment où les sacrificateurs sortirent du lieu saint, car tous les sacrificateurs présents s'étaient sanctifiés sans observer l'ordre des classes, et tous le Lévites qui étaient chantres se tenaient à l'orient de l'autel avec des cymbales, des luths et des harpes, et avaient auprès d'eux 120 sacrifica-teurs sonnant des trompettes ; et lorsque ceux qui son-naient des trompettes et ceux qui chantaient, s'unissant d'un même accord pour célébrer et pour louer l'Eternel, firent retentir les trompettes, les cymbales et les autres instruments, et célébrèrent l'Eternel par ces paroles : Car il est bon, car sa miséricorde dure a toujours ! En ce moment, la maison de l'Eternel fut remplie d'une nuée. Les sacrificateurs ne purent y rester pour faire le service, à cause de la nuée ; car la gloire de l'Eternel remplissait la maison de Dieu. » Ephésiens 5 : 19 : « Entretenez-vous par des psaumes, par des hymnes et par des cantiques spirituels, chantant et célébrant de tout votre cœur les louanges de Seigneur. ».

Ah ! Que d'églises ne contiennent que des morts vivants. Elles sont ternes, fainéantes et sans énergie. Elles projettent le découragement, la déprime et n'offrent aucune raison pour un visiteur d'y revenir. Les églises qui plaisent à Dieu chantent avec vie, célèbrent et louent l'Eternel qui leur a fait du bien. Une église qui ne loue pas ou bien est léthargique ou bien accuse Dieu de n'avoir rien fait pour elle. Nous ne parlons pas des cas extrêmes ou l'emphase est plutôt mise sur les émotions des gens et les bruits qui dérangent. Non ! Nous voulons tenir compte seulement d'une attitude sincère qui émane du cœur, d'un véritable sentiment de gratitude, de reconnaissance envers le Seigneur des seigneurs pour tout ce qu'il a fait pour nous. Nous voulons le remercier et le féliciter, et nous l'adorons pour ce qu'il est : Monarque souverain de tout l'univers. L'église authentique naturellement loue Dieu qui lui permet d'exister. Elle encourage tous ceux qui y viennent à en faire autant. L'église loue Dieu avec vie et encourage tous ceux qui la fréquentent. L'église qui loue est joyeuse et reconnaît la bonté du Seigneur. Alors le visiteur laisse une telle assemblée encouragée, avec joie, le cœur chaud, l'amour et le sentiment d'avoir été bien accueilli, et l'énergie qui lui donnent le désir d'y retourner.

« Que la parole de Christ habite parmi vous abondamment ; instruisez-vous et exhortez-vous les uns les autres en toute sagesse, par des psaumes, par des hymnes, par des cantiques spirituels, chantant à

Dieu dans vos cœurs sous l'inspiration de la grâce. »,
COLOSSIENS 3 : 16.

VIII. Une assemblée évangélique

« Dieu nous a jugés dignes de nous confier l'Evangile »
1 THESSALONICIENS 2 : 4

L'église authentique a une mission qui consiste
à sauver les âmes pour Christ. Elle attire les sauvés :
MATTHIEU 9 : 37 « Alors Jésus dit à ses disciples : la
moisson est grande, mais il y a peu d'ouvriers ».
MATTHIEU 28 : 19-20 : « Allez, faites de toutes les
nations des disciples, les baptisant au nom du Père, du
Fils et du Saint-Esprit, et enseignez-leur à observer
tout ce que je vous ai prescrit. Et voici, je suis avec vous
tous les jours, jusqu'à la fin du monde » « L'église était
en paix dans toute la Judée, la Galilée, la Samarie,
s'édifiant et marchant dans la crainte du Seigneur, et
elle s'accroissait par l'assistance du Saint-Esprit »
(ACTES 9 : 31).

L'église n'est pas un club exclusif où les membres
privilégiés se rassemblent pour se détendre et jouir des
bénéfices de leurs contributions. Elle est plutôt une
assemblée dirigée par le Saint- Esprit qui prend l'initiative de cimenter la foi des croyants et de les conduire
dans un lieu où ils peuvent croître à tous égards.
L'Esprit éclaire les consciences, ouvre les cœurs qui
sont sincères pour recevoir le message qui sauve.
Cependant, l'église doit être vraiment disposée à pro-
clamer la bonne nouvelle non seulement en parole mais
aussi en actions. Quand une assemblée évolue avec zèle,
dans l'amour, l'unité et la paix, et se soucie du bien-être
de ses membres, ceux qui l'observent peuvent voir la

différence au point de vouloir savoir, ne serait-ce par curiosité, un peu plus d'elle.

IX. Une assemblée où les dirigeants font des miracles

« Mon apostolat s'est prouvé par des miracles »
2 COR 12 : 12

Une église où les responsables sont remplis du Saint-Esprit doit être en mesure de répondre aux besoins de sa communauté à tous les points de vue. Il y a des instances où des miracles sont nécessaires, pas pour se mettre en exergue, mais parce que c'est important, et vital pour affermir la foi des membres. ACTES 2 : 43 : «Il se faisait beaucoup de prodiges et de miracles par les apôtres. » Selon MATTHIEU 7 : 22, et MATTHIEU 24 : 24, Faire des miracles n'est pas une garantie que Dieu nous approuve. Mais celui qui est vraiment connecté avec son Dieu, quand il prie pour les âmes, obtient un résultat positif. MATTHIEU 10 : 1 : « Ayant appelé ses 12 disciples, il leur donna le pouvoir de chasser les esprits impurs, et de guérir toute maladie et toute infirmité. ».

MATTHIEU 17 : 19-21 : « les disciples s'approchèrent de Jésus, et lui dirent en particulier : pourquoi n'avons-nous pas pu chasser ce démon ? C'est à cause de votre incrédulité, leur dit Jésus. Je vous le dis en vérité, si vous aviez de la foi comme un grain de sénevé, vous diriez a cette montagne : transporte-toi d'ici là, et elle se transporterait ; rien ne vous serait impossible. Mais cette sorte de démon ne sort que par la prière et par le jeûne. »

Marc 16 : 17, 18 déclare : « Voici les miracles qui accompagneront ceux qui auront cru » En mon nom, ils chasseront les démons ; ils parleront de nouvelles langues, ils saisiront des serpents ; s'ils boivent quelque breuvage mortel, il ne leur fera point de mal ; ils imposeront les mains aux malades, et les malades seront guéris. » Ces paroles de Jésus ne doivent pas être prises hors de leur contexte. Le serviteur de Dieu fait des miracles en toute humilité, sans pompe et sans vouloir se mettre à la place du Roi des rois. Il ne se met pas en tête de s'abreuver de breuvages mortels pour faire de l'exhibition. Le texte dit **s'ils** boivent quelque breuvage mortel, il ne leur fera point de mal. Si cela arrive. Il ne se cherche pas de telles aventures, ce serait de la présomption. Le chrétien est doux et humble de cœur, comme son Maître quand il était sur la terre. Nous avons dans la Bible les divers exemples des interventions miraculeuses de Jésus. Dans Actes 14 : 18-20 : Paul guérit un impotent, Actes 5 : 12-16, Actes 8 : 7, et Actes 28 : 9 nous fournissent d'autres exemples.

Jacques 5 : 14-16 nous dit : « quelqu'un parmi vous est-il malade ? Qu'il appelle les anciens de l'Église, et que les anciens prient pour lui, en l'oignant d'huile au nom du Seigneur ; la prière de la foi sauvera le malade, et le Seigneur le relèvera ; et s'il a commis des péchés, il lui sera pardonné. Confessez donc vos péchés les uns aux autres, et priez les uns pour les autres, afin que vous soyez guéris. La prière fervente du juste a une grande efficace. » Les dirigeants d'église doivent implorer le Seigneur dans l'humilité pour que Le Pasteur des brebis honore leur ministère en leur accordant le privilège de prier pour les fidèles et d'en voir les résultats non pas pour s'enorgueillir mais pour continuer à louer l'Eternel.

X. Une assemblée éprouvée, puis glorifiée

« Après avoir été éprouvé, il recevra la couronne de vie. »
JACQUES 1 : 12

Parce que l'Église du Seigneur ne participe pas aux souillures du monde, mais au contraire l'invite à se détourner de ses mauvaises voies, elle sera détestée, persécutée et humiliée. Si nous apprécions le succès de l'église primitive, si nous souhaitons avoir une congrégation du même genre, nous ne pouvons pas négliger le fait qu'elle fût persécutée. Quand les premiers chrétiens acceptaient à se ranger sous la bannière du Prince Emmanuel, ils recevaient très peu d'encouragement de la majorité des gens de leur époque. Au contraire, ils furent ironisés, persécutés et même martyrisés. Toutefois, Dieu ne les avait jamais abandonnés. Plusieurs durent sceller leur alliance avec la foi chrétienne par leur sang. Pour eux, c'était un honneur de pouvoir partager la souffrance du Maître. 2 TIMOTHÉE 3 : 12 : « Tous ceux qui veulent vivre pieusement en Jésus-Christ seront persécutés. »

JEAN 15 : 20 : « S'ils m'ont persécuté, ils vous persécuteront aussi. » MATTHIEU 5 : 10-12 : « Heureux ceux qui sont persécutés pour la justice, car c'est ainsi qu'on a persécuté les prophètes qui ont été avant vous. » MATTHIEU 10 : 38 : « Celui qui ne prend pas sa croix, et ne me suit pas, n'est pas digne de moi. »

MATTHIEU 16 : 24 : « Alors Jésus dit à ses disciples : si quelqu'un veut venir après moi, qu'il renonce à lui même, qu'il se charge de sa croix et qu'il me suive. »

MARC 10 : 28-30 relate ce qui suit : « Pierre se mit à lui dire : voici nous avons tout quitté, et nous t'avons suivi. Jésus répondit : je vous le dis en vérité, il n'est personne qui, ayant quitté, à cause de moi et à cause de la bonne nouvelle, sa maison, ou ses frères, ou ses sœurs, ou sa mère, ou son père, ou ses enfants, ou ses terres, ne reçoive au centuple, présentement dans ce siècle-ci, des maisons, des frères, des sœurs, des mères, des enfants, et des terres, avec des persécutions, et dans le monde à venir, la vie éternelle. »

En APOCALYPSE 7 : 9-17 nous lisons ce qui suit : « Après cela, je regardai, et voici, il y avait une grande foule, que personne ne pouvait compter, de toute nation, de toute tribu, de tout peuple, et de toute langue. Ils se tenaient devant le trône et devant l'agneau, revêtus de robes blanches, et des palmes dans leurs mains. Et ils criaient d'une voix forte, en disant : le salut est à notre Dieu qui est assis sur le trône, et à l'agneau. Et tous les anges se tenaient autour du trône et des vieillards et des 4 êtres vivants ; et ils se prosternèrent sur leurs faces devant le trône, et ils adorèrent Dieu, en disant : Amen ! la louange, la gloire, la sagesse, l'action de grâces, l'honneur, la puissance, et la force, soient à notre Dieu, aux siècles des siècles ! Amen ! Et l'un des vieillards prit la parole et me dit : ceux qui sont revêtus de robes blanches, qui sont-ils, et d'où sont-ils venus ? Je lui dis : Mon Seigneur, tu le sais. Et il me dit : ce sont ceux qui viennent de la grande tribulation ; ils ont lavé leurs robes, et ils les ont blanchies dans le sang de l'agneau. Ils n'auront plus faim, ils n'auront plus soif, et le soleil ne les frappera point, ni aucune chaleur. Car l'agneau qui est au milieu du trône les paîtra et les conduira aux sources des eaux de la vie, et Dieu essuiera toute larme de leurs yeux. »

Reconnaissez-Vous Votre Église Dans Cette Description ?

Décidément l'église authentique ne sera jamais persécutrice mais persécutée. Elle ne sera jamais aimée de ce monde. Elle fuira le libéralisme, le rationalisme, le désir d'être politiquement correct et populaire. L'église du Seigneur doit se préparer pour des jours terribles qui devront s'abattre sur elle. Les chrétiens doivent profiter du moment de paix qui leur est imparti pour approfondir les saintes écritures, prêcher l'évangile à tous ceux qu'ils côtoient, et servir Dieu diligemment. Bientôt, ils ne pourront plus jouir du privilège de se réunir dans les édifices imposants, mais devront plutôt se cacher dans les grottes des montagnes, dans les caves pour échapper au courroux de l'ennemi. « Si ces jours n'étaient abrégés, personne ne serait sauvé », MATTHIEU 24 : 22. Il faut suivre Jésus et Jésus seul. Alors, quand viendront les heures difficiles qui devront coûte que coûte s'abattre sur la terre rebelle, il faut faire attention. Selon MATTHIEU 24 : 15, quand « **l'abomination de la désolation s'établira dans le lieu saint** », c'est-à-dire, quand des soi-disant chrétiens, dirigeants d'église, deviendront les principales sources de blasphème et de honte pour la cause du Sauveur, le reste qui sera sauvé doit faire attention. 2 TIMOTHÉE 3, les versets 1 à 9 nous proposent une liste de la condition humaine à la fin. Mais par-dessus tout, l'Église du Seigneur triomphera et régnera avec Dieu pour l'éternité.

Résumons :

L'église dirigée par Dieu respecte, enseigne et pratique sa parole. Elle demeure fidèle aux principes fondamentaux du christianisme sans vouloir y ajouter ou retrancher une virgule ou un iota. Elle persévère dans la communion fraternelle, dans les prières, dans la crainte, et dans la simplicité. Elle veille au bien-être de chacun de ses membres, elle est accueillante et se soucie du salut des âmes, elle loue, elle est joyeuse, elle est humble et simple, elle est bien organisée, et elle est constamment sous l'influence du Saint-Esprit. Elle est unie. Elle et ses dirigeants peuvent opérer des miracles et guérir les malades. Elle réussit avec Dieu et à cause de son triomphe elle devient le sujet des attaques des impies qui la persécuteront jusqu'à vouloir la détruire. Mais JEAN 16 : 33 nous dit : « **vous aurez des tribulations dans le monde ; mais prenez courage, j'ai vaincu le monde** ».

Voici donc notre carte de référence, notre feuille de route pour l'église à laquelle vous et moi devons appartenir. En toute bonne conscience, pouvons-nous dire que nous sommes dans la véritable Église ? Hommes frères que ferons-nous ?

APOCALYPSE 3 : 19 « Aie donc du zèle et repens-toi » ! Déclaration de Jésus à l'église de Laodicée.

En guise de conclusion :

Bien-aimés, nous ne pouvons pas nous bercer d'illusions. La vie devient de plus en plus difficile. Toutes sortes d'accidents, de calamités, de crimes, de malheurs s'abattent sur la planète. Jésus-Christ est à la porte. Il faut prendre les choses au sérieux sans pour autant décider de fixer une date pour le retour de celui qui doit venir. Faisons l'inventaire. Si j'ai mal parlé, veuillez m'indiquer mes erreurs à l'aide de textes bibliques pertinents et non équivoques, sinon nous devons faire quelque chose. Ne perdons pas des heures à chercher des textes ici et là hors de leurs contextes afin de soutenir telle ou telle position. Ce n'est pas la Bible qui doit se mettre d'accord avec nous. Non ! Nous sommes obligés de nous mettre en harmonie avec ce que dit la Bible. Rappelez-vous, le diable utilisa quelques versets pour tenter Jésus, le fils de Dieu, selon MATTHIEU 4 : 1-10. S'il avait l'audace de citer la Bible hors de son contexte en face de l'auteur de cette Bible, pouvez-vous imaginer ce qu'il peut faire pour nous détourner et nous porter à croire en des choses qui sont loin de la vérité. Vous et moi devons prendre des décisions pour la vérité. C'est ce que nous pouvons appeler « **le schéma fondamental du christianisme** » qui se résume en 4 étapes :

1. La rencontre avec le Dieu Seigneur, à travers divers moyens (médias, les livres et les contacts personnels, etc.).

2. L'acceptation, la réponse positive à son appel et au salut qu'il nous accorde gratuitement par amour.

3. L'acquisition de connaissances et le partage de la bonne nouvelle.

4. La croissance dans la grâce, la prière et l'obéissance à la volonté du Maître jusqu'à son retour.

Tout compte fait, si vous avez besoin d'une phrase pour caractériser l'église du reste, lisez APOCALYPSE 14 : 12 : « c'est ici la persévérance des saints qui gardent les commandements de Dieu et la foi de Jésus. » APOCALYPSE 19 : 10 explique : « Car le témoignage de Jésus est l'esprit de la prophétie. ».

Si vous voulez d'une description sommaire de l'église authentique, Consultez APOCALYPSE 14 : 6-11 : « Je vis

un autre ange qui volait par le milieu du ciel, ayant un
Évangile éternel, pour l'annoncer aux habitants de la
terre, à toute nation, à toute tribu, à toute langue, et à
tout peuple. Il disait d'une voix forte : Craignez Dieu, et
donnez-lui gloire, car l'heure de son jugement est venue ;
et adorez celui qui a fait le ciel, et la terre, et la mer, et
les sources d'eaux. Et un autre, un second ange suivit,
en disant : Elle est tombée, elle est tombée, Babylone
la grande, qui a abreuvé toutes les nations du vin de la
fureur de son impudicité ! Et un autre, un troisième ange
les suivit, en disant d'une voix forte : Si quelqu'un adore
la bête et son image, et reçoit une marque sur son front
ou sur sa main, il boira, lui aussi, du vin de la fureur de
Dieu, versé sans mélange dans la coupe de sa colère, et il
sera tourmenté dans le feu et le soufre, devant les saints
anges et devant l'agneau. Et la fumée de leur tourment
monte aux siècles des siècles ; et ils n'ont de repos ni jour
ni nuit, ceux qui adorent la bête et son image, et quiconque reçoit la marque de son nom. ».

Peut-être c'est le moment pour vous, cher lecteur,
chère lectrice, de poser un acte de foi. Faites l'inventaire
de votre relation avec le Tout-Puissant et demandez-
lui de vous guider et de vous aider à prendre la bonne
décision. Le plus tôt sera le mieux !

Où est l'église du Seigneur ? Où en sommes-
nous ? Où es tu dans la course vers la vie éternelle ?
Matthieu 11 : 12 : « le Royaume des cieux est forcé, et
ce sont les violents qui s'en emparent. ».

Matthieu 24 : 45-51 : « Quel est donc le serviteur
fidèle et prudent, que son maître a établi sur ses gens,
pour leur donner la nourriture au temps convenable ?
Heureux ce serviteur, que son maître, à son arrivée,

trouvera faisant ainsi ! Je vous le dis en vérité, il l'établira sur tous ses biens. Mais, si c'est un méchant serviteur, qui dise en lui même : mon maître tarde à venir, s'il se met à battre ses compagnons, s'il mange et boit avec les ivrognes, le maître de ce serviteur viendra le jour où il ne s'y attend pas et à l'heure qu'il ne saura pas, il le mettra en pièces, et lui donnera sa part avec les hypocrites : c'est là qu'il y aura des pleurs et des grincements de dents. ».

L'église guidée par l'Esprit ne doit pas être surprise par le Retour imminent de Jésus. Elle est prête à recevoir son Maître à n'importe quelle heure du jour ou de la nuit. Elle fait montre de piété, loue Dieu, préconise l'amour, la paix, et la réussite de tous ses membres. Prie ardemment pour que Dieu la dirige et la conduise jusqu'à l'ultime port. Bien-aimé, est ce que votre église est comme celle-ci ? Si non, quel rôle y jouez-vous pour l'aider à y parvenir ? Si vous cherchez une assemblée, puissent ces informations vous aider à trouver la vraie église pour fortifier votre foi et vous porter à maintenir votre relation avec Dieu et avec votre prochain au beau fixe ! Le christianisme préconise un salut universel — à la portée de tous, et un salut unique qui est accessible seulement par Jésus-Christ. C'est un salut qui englobe toutes les phases de la vie, tous les domaines : spirituel, physique, moral, matériel, mental, et économique. Ce salut pourvoit du secours dans la détresse, de la guérison ou du soulagement dans la maladie, du courage pour affronter les tribulations et les bousculades de la vie. Aucun chrétien ne peut se reposer sur ses lauriers sans suivre l'exemple de l'auteur même du christianisme, Jésus-Christ. Il dédia sa vie à guérir les malades, nourrir les affamés, délivrer ceux qui étaient sous l'emprise de Satan, alléger les souffrances et privations de toutes sortes, voler au secours des pauvres, défendre les opprimés et abusés, et travailler pour la justice. Dieu prend soin de l'être tout entier : l'esprit, l'âme et le corps. Il s'intéresse à tout ce que nous faisons. Il veut satisfaire nos besoins et veut aussi se servir de nous pour secourir tous ceux qui nous entourent. Bien-aimés, je sais que chacun de nous est très attaché à sa communauté, sa société, son petit monde, son église ; mais le moment est venu de tout remettre en question car notre destinée éternelle est en jeu. Si la congrégation que vous aimez et fréquentez régulièrement n'obéit pas aux enseignements de la bible, ces doctrines essentielles, il vaut la peine de prendre une décision pour votre salut éternel. Rappelez-vous que seul Jésus était crucifié pour vous. Assurez-vous que vous êtes en harmonie avec ce qu'il vous dit. Souvenez-vous que seul Dieu accorde la vie éternelle. En effet il eut à déclarer : « Si quelqu'un vient à moi, et s'il ne hait pas son père, sa mère, sa femme, ses enfants, ses frères ses sœurs, et même sa propre vie, il ne peut être mon disciple. Et quiconque ne porte pas sa croix, et ne me suit pas, ne peut être mon disciple » : (Luc 14 : 25, 26). En d'autres termes, Dieu doit toujours avoir la première place dans notre vie. Parfois la décision de lui obéir, de le servir, nous isole, et nous place sur un terrain difficile. C'est pourquoi il ajoute : « Je ne vous laisserai pas orphelin, je viendrai à vous » , Jean 14 : 18. **Quand on a Dieu, on a tout ce qu'on veut, tout ce qu'il faut en tout temps et en tout lieu quelles que soient les circonstances.** La décision de le servir est souvent difficile et réclame des mesures drastiques mais nécessaires car il y va de notre salut éternel.

Je suis personnellement convaincu que l'église du reste que Christ reviendra chercher-comme il l'a promis dans JEAN 14 : 1-3- ne sera appelée ni Catholique, ni Anglicane, ni Orthodoxe, ni Luthérienne, ni Témoins de Jéhovah, ni Mormone, ni Eglise du Christ, ni Philadelphie, ni Baptiste, ni Pentecôtiste, ni Presbytérienne, ni Maison de Yahvé, ni Adventiste, ni Episcopalienne, ni Wesleyenne, ni Radio Famille, ni Charismatique. Le Maître de l'univers ne vous examinera pas sur ce que vous savez de la christologie, du monothéisme, du polythéisme, du panthéisme, ou de l'animisme. Il ne réclamera pas vos qualifications en théologie, en philosophie ou en science. Il viendra chercher une Église universelle et dynamique composée de croyants qui ont su maintenir une relation étroite avec leur Dieu, qui ont su mettre en pratique tout ce que l'Esprit leur permit d'approfondir en toute sincérité, qui ont su faire diligence pour s'instruire sur la vérité, et cette vérité une fois reçue, ils ont su l'accepter et l'intégrer dans leur vie. Bien-aimés, je vous en supplie, poursuivez la vérité avec honnêteté et dévouement. Dieu qui sonde toutes les fibres de votre être verra si vous êtes sincères. Je n'ai aucun doute, il vous conduira sur le droit chemin. Seulement ne lui imposez pas vos conditions. N'ayez pas de préjugés. Il serait illusoire de croire que ce sera facile. Mais l'apôtre Paul nous rappelle en PHILIPPIENS 4 : 13 que : « Je puis tout par Christ qui me fortifie ».

Le Miroir Fidèle Pour L'église Authentique

1. La loi de Dieu telle que vécue à travers Jésus

Le dossier de l'instruction chrétienne de Jésus-Christ se trouve dans son sermon sur la montagne, dont Matthieu nous donne un récit impressionnant dès le cinquième chapitre de son livre. Le chrétien est censé marcher avec Jésus. La meilleure façon de le faire consiste à analyser sa vie et à suivre son exemple. Il a vécu une vie sans péché. « Il a été tenté comme nous en toutes choses, sans commettre de péché. » (HÉBREUX 4 : 15). « Qui de vous me convaincra de pécher ? » (JEAN 8 : 46). Bref, son attitude se reflète dans sa soumission à la volonté de Dieu pour lui obéir en tout, y compris assurer la pérennité de la loi de Dieu. Sinon, il aurait péché, selon la définition de 1 JEAN 3 : 4, à savoir « la transgression de la loi ».

Dans MATTHIEU 5, Jésus révéla son attitude face à la parole de Dieu. Il voulut lui donner l'interprétation convenable, loin des excès, des traditions et des commandements humains. Il insiste plutôt sur la puissance transformatrice de l'amour qui conditionne notre attitude au lieu d'inventer d'autres moyens pour rendre la vie impossible aux simples croyants. Il vise l'accomplissement de cette déclaration trouvée en JÉRÉMIE 31 : 33 : « Je mettrai ma loi au-dedans d'eux, je l'écrirai dans leur cœur ; et je serai leur Dieu, et ils seront mon peuple. » Quand nous considérons les sacrifices que le Dieu du ciel a consentis jusqu'à mourir sur le bois infâme de la croix pour nous sauver, nous ne pouvons rester indifférents face à un tel amour. Ainsi naît une nouvelle attitude qui donne la priorité aux élans du cœur en lieu et place d'une obéissance servile et machinale.

2. La loi de Dieu telle qu'interprétée par Jésus

Jésus-Christ nous donne la vraie interprétation de la loi. Dans MARC 12 : 29-31, il résume les dix commandements en deux.

- Le premier consiste à aimer Dieu par-dessus tout.

- Le second est d'aimer son prochain comme soi-même.

Cette intervention n'abroge pas les dix commandements. Au contraire, elle nous présente nos obligations envers Dieu dans les quatre premiers commandements et nos rapports avec autrui dans les six autres. Jésus a précisé dans MATTHIEU 5 : 17-20 qu'il n'est pas venu abolir la loi mais l'accomplir. En d'autres termes, il vint en ce monde donner la vraie interprétation du décalogue ; personne ne pouvait le faire à sa place puisqu'il en lui-même l'auteur. D'aucuns disent que les dix commandements ont été abolis. Si nous sommes sincères et si nous voulons respecter la Bible, nous ne pouvons souscrire à une telle déclaration. Non seulement elle n'est pas biblique, mais elle défie toute logique. Dieu est parfait. Il est omniscient, omniprésent et omnipotent. Il sait tout, il voit la fin des le commencement. Il ne saurait donner une chose aujourd'hui et changer d'avis un peu plus tard. Non. « Le Seigneur est le Dieu qui sait tout. » (1 SAMUEL 2 : 3) Dans MALACHIE 3 : 6, il dit : « Je suis l'Éternel, je ne change pas. » Les changements perçus dans la parole de Dieu ne sont, en réalité, que des ajustements graduels que le Seigneur nous permet de réaliser en fonction de notre croissance et notre maturité spirituelle et intellectuelle. Quant à la loi, elle reste et demeure la révélation du caractère de Dieu.

S'il nous semble que Dieu souhaite détruire certains pays, certaines personnes, certains rois, nous devons nous rappeler que le même Dieu juste est aussi miséricordieux. En fait, il ne veut voir la perte de personne. « Je suis vivant, dit le Seigneur Dieu, je n'ai pas de plaisir à la mort du méchant, mais à le voir se détourner de sa voie et vivre. » (EZÉCHIEL 33 : 11) Le Seigneur est toujours à la recherche des pécheurs pour les sauver, non pour les détruire. Certaines de ses déclarations visent plutôt à avertir les pécheurs pour qu'ils se repentent ; qu'ils acceptent sinon de payer les conséquences de leurs péchés. Le verbe repentir ne s'applique pas à Dieu. C'est plutôt l'homme qui a changé et qui a ‹ imposé › à Dieu de prendre certaines décisions correspondant à son choix. En d'autres termes, les résultats sont conditionnels, et fondés sur ce que les êtres humains choisissent de faire. La fondation du gouvernement de Dieu ne subit pas de changements, il est inébranlable.

Aucun gouvernement ne peut fonctionner sans certains principes fondamentaux qui régissent et définissent ses relations avec le peuple. C'est par ces principes, ces lois que l'ordre, la stabilité, la paix et la sécurité peuvent fleurir. Ceux qui s'obstinent à désobéir finiront par payer la conséquence leur désobéissance. Dans ROMAINS 3 : 20, l'apôtre Paul déclare : « C'est par la loi que vient la connaissance du péché. » Le péché est défini comme la transgression de la loi, selon 1 JEAN 3 : 4. « Tous ceux qui ont péché sans la loi périront aussi sans la loi, et tous ceux qui ont péché avec la loi seront juges par la loi. Ce ne sont pas, en effet ceux qui écoutent la loi qui sont justes devant Dieu, mais ce sont ceux qui la mettent en pratique qui seront justifiés. » (ROMAINS 2 : 12, 13) Ceux qui disent que la loi est abolie sont en même temps contre certaines actions telles : l'adoration des faux dieux, les images taillées, l'utilisation du nom de Dieu en vain, l'irrespect des parents, le meurtre, l'adultère, le vol, le mensonge, la convoitise. Entendons-nous ! Si la loi était abolie, pourquoi condamneraient-ils de telles pratiques ? Tout être conséquent accepte et pratique les prescrits de la loi de Dieu et cela sans même y faire référence. Parceque cette loi est le fondement de toutes les valeurs morales, nul ne peut s'en passer. Le vrai point de dispute gravite autour du jour de repos. **Est-ce le dimanche ou le samedi ou n'importe quel jour ?**

3. La grâce salvatrice de la Loi de Dieu

Juste avant d'aborder cette question épineuse, nous devons nous rappeler ce que l'apôtre Paul nous dit en ROMAIN 3 : 20-25, à savoir que nul ne sera justifié devant Dieu par les œuvres de la loi. Notre salut est obtenu par grâce. Nous sommes « gratuitement justifiés par sa grâce, par le moyen de la rédemption qui est en Jésus-Christ. » (ROMAINS 3 : 24). Remarquons le pléonasme nécessaire pour mettre l'accent sur la condition du salut : « gratuitement justifiés par grâce ». Il ne doit exister aucun doute chez les chrétiens : nous sommes sauvés par grâce. Il suffit d'accepter gracieusement ce que Jésus nous offre à un prix qu'aucun de nous ne saurait payer. Son propre sang, sa propre mort nous accorde la vie. Ceci étant, le bon sens nous dicte un changement de vie. En Jésus-Christ nous sommes devenus de nouvelles créatures. Alors, vivrons-nous encore dans le péché ? C'est la question que nous fait l'apôtre Paul

dans ROMAINS 6 : 20. Il surenchérit en ROMAINS 14 : 8 :
« Si nous vivons, nous vivons pour le Seigneur. » En
GALATES 2 : 20 : « Si je vis, ce n'est plus moi qui vis,
c'est Christ qui vit en moi. ».

Imaginons une jeune fille née dans la misère la plus
abjecte. C'est avec beaucoup de peine qu'il lui arrive parfois de trouver de quoi à manger. Elle n'a pas d'abri. Elle
est en guenilles. Personne ne fait cas d'elle. Mais un jour,
un cortège, formé du prince et de ses dignitaires, passe
près d'elle. Chose étrange, le cortège s'arrête, le prince
la salue. La jeune fille sourit, toute peureuse. Le prince
la félicite pour son beau sourire, simple et innocent. Il
l'invite à le suivre. Elle hésite, le prince insiste. Elle lui
explique qu'elle n'est pas digne, pas en tenue, pas prête,
pas propre … Le prince ne démord pas. Finalement,
elle monte dans la limousine du prince. Timide, elle a
peur de lui jeter un regard à la dérobée. Mais le prince
lui confesse que l'amour qu'il éprouve pour elle est
indescriptible. Il veut l'épouser. La fille a des réticences.
Elle pense qu'elle l'aime aussi, mais se sent indigne d'un
tel honneur. Après tant de démarches, de dialogues
et de persuasion, la fille accepte enfin. La voilà, après
le mariage, devenue princesse. Pensez-vous qu'elle va
retourner dans la situation antérieure ? La conduite
normale qu'on attend d'elle, c'est qu'elle s'attelle à mener
sa vie de princesse. Elle va s'arranger naturellement par
amour et par reconnaissance pour tout faire en vue de
plaire à son prince charmant. Elle est devenue princesse
grâce à la grandeur d'âme du prince. Mais étant devenue
princesse, par amour pour son prince, elle va faire de son
mieux pour lui plaire.

Notre attitude envers Jésus doit être la même.
ROMAINS 5 : 8 déclare : « Lorsque nous étions en-

core des pécheurs, Christ est mort pour nous. » En
2 CORINTHIENS 5 : 21, nous lisons : « Celui qui n'a
point connu le péché, il l'a fait devenir péché pour nous,
afin que nous devenions en lui justice de Dieu. »

4. L'obéissance à Dieu à travers sa Loi

Etant sauvés par grâce, en guise de reconnaissance,
comme preuve de notre amour, nous choisissons de bon
gré de lui obéir. Or puisque la loi reflète son caractère,
nous nous évertuons à faire ce qui lui plaît en obéissant à ses commandements. Ainsi Jésus déclare dans
JEAN 14 : 15 : « Si vous m'aimez, gardez mes commandements. » Naturellement, personne ne peut de par
lui-même obéir à la loi de Dieu. En JACQUES 2 : 10, on
peut lire : « Quiconque observe toute la loi, mais pèche
contre un seul commandement, devient coupable de
tous. » En ROMAINS 7 : 21, saint Paul signale ce qui
suit : « Quand je veux faire le bien, le mal est attaché à
moi ... » Mais il pourra dire en 2 TIMOTHÉE 4 : 7 : « J'ai
combattu le bon combat, j'ai achevé la course, j'ai garde
la foi. Désormais la couronne de justice m'est réservée. ».

Ce qui fait la différence pour Paul, aussi bien que
pour nous, c'est notre attitude. Si nous sommes dociles,
obéissants, sincères, de bonne foi, Dieu qui voit tout et
sait tout fera le reste ; il suppléera à nos manquements.

Je me souviens quand ma fille était petite et pouvait
à peine marcher. Elle voulait m'accompagner partout où
j'allais. Souvent, quand je devais déposer des lettres dans
la boîte aux lettres, au bureau de poste, elle tenait à le
faire. Comme elle était petite, je lui remettais les lettres,
ouvrais la boîte pour elle et la soulevais d'une main.
Ainsi elle pouvait glisser les enveloppes dans la boîte. Il

fallait la voir. Elle était si fière d'elle, avec son sourire innocent, tandis que j'applaudissais ses efforts. En réalité j'avais pratiquement tout fait, mieux j'avais fait la partie la plus importante. Mais elle était disposée, elle avait la volonté. Elle avait fait ce qu'elle pouvait et cela me faisait grand plaisir. Elle avait une excellente attitude. C'est ce que le Seigneur veut de son peuple, qu'il soit obéissant, agisse de bonne foi et fasse de son mieux.

Dieu ne peut pas tolérer la rébellion. Dans 1 SAMUEL 15 : 22, il déclare par la bouche de son prophète : « L'obéissance vaut mieux que le sacrifice. ». La désobéissance, l'irresponsabilité, la moquerie, l'esprit de dispute d'un enfant irritent tout parent responsable. Mais si l'enfant essaie et obéit, tout parent véritable est disposé à compatir à sa faiblesse et à lui venir en aide. Dieu est notre Père. Il tient compte de nos attitudes. Il n'a que faire des manœuvres dilatoires. Saül jouait à l'intelligent, dans 1 SAMUEL 16 : 1, Dieu déclara à Samuel le concernant : « Je l'ai rejeté. » Le Seigneur de toute la Terre ne tolère pas les enfants rebelles ou matois. Puisque nous voulons et nous devons suivre Jésus-Christ, il est crucial que nous considérions cet aspect de la vie de Christ que nous professons aimer tant.

5. Le sabbat « au cœur » de la loi de Dieu

a- Jésus et l'observation du vrai jour de repos.

Quel était le comportement de Jésus-Christ face aux dix commandements, plus précisément le quatrième commandement ? Selon MATTHIEU 19 : 17, Jésus dit au jeune homme riche : « Si tu veux entrer dans la vie, observe les commandements. » Dans le monde chrétien, le seul énoncé du mot ‹ sabbat › rend plus d'un mal à l'aise. C'est un point extrêmement sensible. Mais, entendons-nous, sans passion et avec un minimum de bonne foi. Jéhovah m'est témoin, j'aborde ce sujet avec beaucoup de respect pour l'opinion de chacun. Si nous prenons les dix commandements, force est de constater que toutes les explications données pour ou contre le décalogue tournent autour du quatrième commandement qui parle du sabbat. Alors, abordons ce sujet sans fanatisme, avec la tête sur les épaules et beaucoup de prières.

Signalons que la paternité du sabbat n'appartient qu'à Dieu, Le Créateur. L'histoire révèle que les ‹ Baptistes du septième jour › étaient les premiers, parmi les religions chrétiennes contemporaines, à observer le sabbat. D'autres l'ont accepté un peu plus tard. Le sabbat n'est pas une source de gloire ou de fierté pour une église déterminée. Nul n'a le monopole du sabbat. Quand le prophète Elie s'illusionnait d'être le seul à servir son Dieu, Jéhovah dut le décevoir en lui disant, selon 1 Rois 19 : 18, qu'il y avait encore 7 000 hommes à n'avoir point fléchi les genoux devant Baal. Le sabbat est fait pour l'homme d'après Jésus, en Marc 2 : 27. Le sabbat est donc fait pour les églises.

b- Le ‹ vrai › jour de repos

Commençons par définir le mot « sabbat ». D'origine hébraïque, il signifie « repos ». Ce mot est utilisé pour la première fois en Genèse 2 : 1-3 pour instaurer le Mémorial de la création. Il établit qu'à la création, les créatures doivent adorer le Créateur et reconnaître leur dépendance de lui. C'est un jour béni, sanctifié ou mis à part pour un but spécial. La logique humaine peut nous porter à nous demander : le Créateur avait-il besoin de se reposer ? Dieu était-il

fatigué ? *La Bible* répond valablement non, d'après
Esaïe 40 : 28. Il le fit pour communier avec l'homme et
recevoir son adoration. Dans son omniscience, il savait
que l'homme allait avoir besoin d'un changement d'activités pour l'aider, ne serait ce que mentalement.

Remarquons que le sabbat est une institution divine
qui a préexisté au péché. Il représente la dernière touche, le dernier coup de pinceau de l'illustre artiste à son
œuvre créatrice d'une semaine dans laquelle chaque jour
compte vingt-quatre heures (Il y eut un soir, il y eut un
matin : Genèse 1 : 5, 8, 13, 19, 23, et 31). Nous ne sau-
rions placer le sabbat dans le lot des lois cérémonielles,
car Dieu l'a institué bien avant l'introduction du péché
dans le monde. L'esprit de discernement et notre bonne
foi nous aident à voir la nécessité de ne pas mélanger les
concepts ni d'en faire un amalgame pour confondre les
esprits bien intentionnés qui ont confiance en nous pour
bien interpréter *la Bible*. Nous devons pouvoir mettre
de côté notre ‹ petite personne › et la tradition en vue de
laisser Dieu agir en nous. Il peut se servir de n'importe
qui pour nous montrer quelque chose susceptible de
nous échapper, ou pour nous enseigner la vérité. Nous
savons, vous et moi, que Dieu est omniscient. Il sait
tout, il voit la fin dès le commencement. « Je ne violerai
point mon alliance et je ne changerai pas ce qui est sorti
de mes lèvres. » (Psaume 89 : 35) On change d'avis
quand on est pris au dépourvu, par manque de sagesse,
de planification ou de perspicacité. Est ce le cas pour
Jéhovah ? Nous savons que la réponse est négative.

c- Le repos du sabbat AVANT le péché .

Qui était présent après la création ? Genèse 2 : 1-3
souligne la présence du Créateur, d'Adam et d'Eve.

Que nous dira Jésus dans Marc 2 : 27, 28 ? Il déclare que le sabbat est fait pour l'homme. Jésus est, lui, le Maître du sabbat. Etait-il question d'adventiste, de baptiste, de pentecôtiste, etc. ? Etait-il question de juif ? Etait-il question de péché ? Etait-il question de sacrifice ? Etait-il question d'activités cérémonielles ? La réponse est clairement non. Nos premiers parents n'avaient pas encore péché. En outre, qui a créé toute chose ? Lisons Jean 1 : 1-3 et Hébreux 1 : 1-3 pour confirmer que c'est Jésus, le Dieu Créateur. Plus tard, il se manifeste sur la Terre en la personne de Jésus. Quand l'homme désobéit, Dieu n'était pas pris au dépourvu. Nous admettons que la venue du péché dans le monde y a causé des chambardements. Mais certains faits, comme le cycle de la semaine, n'ont pas changé, y compris après le déluge. Consultons Genèse 8 : 10-12, Genèse 29, 27, nous comprenons que ce désastre majeur pour la Terre n'avait en rien altéré le cycle des sept jours de la semaine.

Avec les Israélites, nous avons la reprise formelle des relations théocratiques. Et grâce à Deutéronome 4 : 13 ; 5 : 22 ; Exode 34 : 28 ; 31 : 18 vs Deutéronome 4 : 14, notre intelligence et notre bonne foi nous permettent de voir une nette différence entre le **Décalogue et les Lois mosaïques**. Le libellé de la loi que Dieu donne au peuple juif est écrit ‹ du doigt de Dieu › ; le reste est écrit par Moïse sous la dictée de Dieu. Cela fait une grande différence. Quand Moïse brisa les deux premières Tables de la Loi que Dieu avait écrites de ‹ son doigt ›, Dieu aurait pu dire : « Mon cher, écris-la la seconde fois. » Il aurait pu aussi ajouter : « Mon cher, ces commandements n'étaient pas si importants. Ne t'en fais pas. J'allais les abolir un peu plus tard.

Tu l'as fait à ma place. » Non. Une fois de plus, Dieu prit le soin de réécrire lui même les lois de « son doigt ». Pourquoi y tenait-il tant ? En EXODE 20 : 1-17, nous lisons le décalogue et remarquons, au verset 8, que le quatrième commandement commence par l'injonction : ‹ Souviens-toi ›. Cela signifie que Dieu n'institua pas le sabbat pour les juifs au Sinaï, mais plutôt, immédiatement après avoir tout créé (GENÈSE 1 : 31 ; 2 : 1). Pour le peuple d'Israël, c'était un rappel parce qu'il ne pouvait pas observer le saint sabbat pendant qu'il était sous le joug des Egyptiens. « Souviens-toi » sous-entend se le rappeler ou ne pas l'oublier si cela avait été le cas en Egypte ou pendant les six autres jours.

d- Le sabbat : signe de reconnaissance éternelle à Dieu.

Quelle raison Dieu donna-t-il au peuple pour observer le Sabbat ? Selon DEUTÉRONOME 5 : 12-15, c'est en reconnaissance de sa puissance créatrice, libératrice et rédemptrice. Une puissance indéniable et éternelle. La Bible exprime la promesse que Dieu a faite aux observateurs du Sabbat. Nous pouvons la lire dans ESAÏE 58 : 13, 14 : « Si tu retiens ton pied pendant le sabbat, pour ne pas faire ta volonté en mon saint jour, si tu fais du sabbat tes délices, pour sanctifier l'Éternel en le glorifiant, et si tu l'honores en ne suivant point tes voies, en ne te livrant pas à tes penchants et à de vains discours, alors tu mettras ton plaisir en l'Éternel, et je te ferai monter sur les hauteurs du pays, je te ferai jouir de l'héritage de Jacob, ton père ; car la bouche de l'Éternel a parlé. » Nous lisons en JÉRÉMIE 17 : 24-26 ce qui suit : « Si vous m'écoutez, dit l'Éternel, Si vous n'introduisez point de fardeau par les portes de cette ville le jour du sabbat, si vous sanctifiez le jour du sabbat, et ne faites

aucun ouvrage ce jour-là, alors entreront par les portes
de cette ville les rois et les princes assis sur le trône de
David, montés sur des chars et sur des chevaux, eux
et leurs princes, les hommes de Juda et les habitants
de Jérusalem, et cette ville sera habitée à toujours. On
viendra des villes de Juda et des environs de Jérusalem,
du pays de Benjamin, de la vallée, de la montagne et du
midi, pour amener des holocaustes et des victimes, pour
apporter des offrandes et de l'encens, et pour offrir des
sacrifices d'actions de grâces dans la maison de l'Éternel. » Le même chapitre de JÉRÉMIE 17, au verset 27,
parle aussi de la punition réservée à ceux qui ne sancti-
fient pas le Sabbat : « Mais si vous n'écoutez pas quand
je vous ordonne de sanctifier le jour du sabbat, de ne
porter aucun fardeau, de ne point en introduire par les
portes de Jérusalem le jour du sabbat, alors j'allumerai
un feu aux portes de la ville, et il dévorera les palais
de Jérusalem et ne s'éteindra point. » Voudrait-on me
faire croire que l'insistance de Dieu depuis la création
et à travers la Bible était seulement temporaire ? Lisez
EXODE 25, et vous verrez que quand Dieu ordonna à
Moise de lui construire un tabernacle, il eut le soin de
lui dire au verset 9 : « vous ferez le tabernacle et tous
ses ustensiles d'après le modèle que je vais te montrer. »
(HÉBREUX 8 et 9). Qu'est qui était à l'intérieur du tabernacle ? Selon HÉBREUX 9 : 4, les Tables de l'alliance
étaient là aussi. Et si la tente était construite selon le
modèle que Dieu a révélé à Moïse, il n'est pas impossible que les Tables de l'alliance soient aussi présentes
dans le véritable sanctuaire.

e- Le sabbat tel qu'observé dans le désert par les Israélites.

Sous le régime théocratique, avec les israélites dans le désert, nous trouvons en Nombres 15 : 32-36, un exemple terrifiant pour certains, irritant pour d'autres. Si nous plaçons le texte dans le contexte approprié, nous comprenons que Dieu tenait à tracer un exemple pour montrer au peuple l'importance du Sabbat. Mieux encore, il tenait à apprendre aux enfants d'Israël la nécessité d'obéir aux injonctions divines. Cette nouvelle génération, qui venait à peine d'être libérée de l'esclavage, avait besoin d'être guidée pour débuter et maintenir ses relations avec Dieu. Elle avait pour modèles les Egyptiens qui servaient plusieurs dieux et avait appris à imiter ses anciens maîtres. Quand un peuple sort de la servitude, il a la tendance à mésinterpréter la signification du mot liberté et à vouloir un temps de répit dénué de toute restriction, de toute contrainte et de toute obligation pour jouir de son émancipation. La réalité réclame qu'on soit des citoyens responsables qui obéissent aux injonctions civiques et morales pour la survie de cette nouvelle nation. Une fois libéré des Egyptiens, le peuple ne tarda pas à exprimer sa liberté, à faire ce que bon lui semblait. En témoigne son attitude concernant les recommandations à propos de la manne. En effet quand nous lisons La Bible (*cf.* Exode 16 : 4,5 ; 16-19 ; 22-30), nous voyons que certains citoyens du peuple d'Israël choisirent de désobéir à Dieu et à Moise soit en prenant plus ou moins que ce qui leur avait été indiqué, soit en allant chercher la manne le jour du sabbat contrairement à l'ordre divin. Dieu eut même le soin de leur dire comment préparer et observer le sabbat (Exode 16 : 23, Ésaïe 58 : 13, 14). Mais le peuple était naturellement rebelle, « un peuple au cou roide », selon le mot même de L'Eternel en Exode 32 : 9. Il fallait bien démarrer pour éviter toute incompréhension. Il fallait désapprendre et découvrir comment le vrai Dieu devait être servi, pas comme les faux dieux. La connaissance du vrai Dieu devait se faire de façon progressive. Le cas d'Ananias et Saphira dans le Nouveau Testament nous montre l'intervention de Dieu pour rectifier le ton. De nos jours, que de gens profanent les préceptes divins, apparemment rien ne leur arrive, mais c'est parce que nous approchons du temps de la fin et du jugement définitif. En attendant, les prescriptions sont claires. Rappelons-nous la nuance entre le sabbat et l'alliance. Si Exode 34 : 27 nous parle de l'alliance en général, le verset 28 traite du sabbat et des 10 commandements. Tous ceux qui ont un minimum de bonne foi et de discernement peuvent voir la différence. L'alliance entre Dieu et le peuple inclut les principes essentiels de justice, ou de droit civique / usuel, moral et sanitaire. Dans cette même alliance se trouvait le décalogue écrit « du doigt de Dieu » (Exode 31 : 18), et qui renferme le sabbat.

f- Les sabbats cérémoniels : AVANT la venue du Messie.

Comme toutes les nations, les juifs avaient des fêtes. Les nations païennes avaient les leurs, des congés à caractère païen ou champêtre. Les juifs, peuple de Dieu, avaient eux aussi leurs fêtes, mais à caractère socioreligieux. Que fait-on pendant les jours de fête ? Généralement, on ne travaille pas, on jouit du répit, on se détend. Le sabbat est un jour de repos. Il signifie aussi — repos — dans la langue grecque. C'est ainsi que le peuple avait non seulement le sabbat hebdomadaire, jour d'adoration que Dieu a réclamé de tout homme à partir d'Adam et d'Eve, mais aussi les jours de fête. Cependant, chaque fête était un jour férié, un congé, désigné aussi par le même mot : ‹ sabbat ›. Donc, ces jours de fête étaient également désignés comme des ‹ sabbats › (des jours de repos). Nous pouvons citer par exemple EZÉCHIEL 46 : 1. Ces jours de congé pouvaient aussi coïncider au Sabbat hebdomadaire. Dans ces cas là, cette fête avait une portée extraordinaire. Quand un 4 Juillet aux Etat Unis, ou un 14 Juillet en France, ou un 1er Janvier en Haïti, tombe un Dimanche on a alors une double fête ; ce fût le cas de ces sabbats pour les juifs.

Parmi ces fêtes juives nous pouvons citer : la fête des pains sans levain, la Pentecôte, la fête des trompettes, le jour des expiations, la fête des tabernacles ... etc. Consultez Lévitique chapitre 23 pour de plus amples informations. Ces fêtes suivaient le calendrier lunaire. Elles pouvaient arriver à n'importe quel jour de la semaine ou coïncider avec le saint Sabbat hebdomadaire établi depuis la création. Quand cela arrivait, d'après JEAN 19 : 31, c'était « un grand jour ».

g- Les sabbats cérémoniels : APRES la venue du Messie.

La loi cérémonielle comptait aussi les fêtes annuelles juives composées de rites et de cérémonies instituées au mont Sinaï. Cette loi est aussi communément appelée : la loi ou les lois de Moise. Ces lois annonçaient la venue du Messie. L'observation de la majorité de ces fêtes annuelles habituelles, ainsi que les différents sacrifices, prirent fin avec la mort de Jésus-Christ sur la croix. C'est pourquoi, quand Jésus rendit l'esprit, nous lisons en LUC 23 : 44-49 ce qui se passa immédiatement après : le voile du temple se déchira, éliminant la séparation entre le lieu saint et le lieu très saint et la nécessité des sacrifices, car ‹ l'agneau de Dieu › venait d'être immolé une fois pour toutes. C'est aussi à la lumière d'une telle connaissance que l'apôtre Paul pouvait déclarer en COLOSSIENS 2 : 16, 17 : « Que personne ne vous juge au sujet du manger ou du boire, ou au sujet d'une fête, d'une nouvelle lune, ou des sabbats ; c'était l'ombre des choses à venir, mais le corps est en Christ. » Un minimum de jugement nous permet de comprendre le texte. L'apôtre renforce ce que tout chrétien sait déjà. N'est-ce pas Jésus lui-même qui déclara en MATTHIEU 7 : 1 : « Ne jugez pas afin que vous ne soyez pas jugés ? » Dieu seul peut nous juger. Si tu ne me juges pas, cela ne signifie pas pour autant que j'ai bien agi. Ce n'est pas non plus une licence pour moi de mal faire. L'apôtre continua en déclarant que la mort du Christ accomplit tout ce que les sacrifices préfiguraient. Car ils annonçaient la venue du Messie. De toute évidence par confession et par profession de foi nous sommes chrétiens. Les Chrétiens croient que les sabbats cérémoniels étaient l'ombre des choses à venir. Ils croient aussi que la loi de Dieu, le Décalogue, reste immuable. Selon : 1 CORINTHIENS 8 : 6, HÉBREUX 1 : 1, 2 et JEAN 1 : 3, Christ est le Créateur. 1 JEAN 2 : 6, et 1 PIERRE 2 : 21 nous sommes invités à suivre l'exemple du Maître.

h- Jésus observateur du vrai jour de repos.

Quel exemple Jésus nous donna-t-il en ce qui concerne le Sabbat ? A la lumière de LUC 4 : 16 : « Jésus se rendit à Nazareth, où il avait été élevé, et, selon sa coutume, il entra dans la synagogue le jour du sabbat. » MARC 6 : 1, 2 « Jésus partit de là, et se rendit dans sa patrie. Ses disciples le suivirent. Quand le sabbat fût venu, il se mit à enseigner dans la synagogue. Beaucoup de gens qui l'entendirent étaient étonnés et disaient : D'où lui viennent ces choses ? ». MARC 1 : 21 « Ils se rendirent à Capernaum. Et, le jour du sabbat, Jésus entra d'abord dans la synagogue, et il enseigna. » Nous voyons que Jésus prenait l'habitude d'aller dans la Synagogue le jour du sabbat. Quelle déclaration formelle Jésus prononça t-il concernant la loi ? Il n'est pas venu l'abolir mais la parfaire, selon MATTHIEU 5 : 17-19. Dans toutes les langues humaines, parfaire n'a jamais signifié éliminer ou abolir. En MARC 2 : 28, 29, il se déclara le maître même du sabbat. On ne saurait enseigner à l'auteur, le Créateur d'un jour, comment l'observer.

i- Jésus aurait-il changé l'observation du sabbat au dimanche ?

Plusieurs disent que la résurrection de Jésus le dimanche avait automatiquement transféré la sainteté du sabbat au Dimanche. Pour soutenir leur thèse que le sabbat du 7eme jour est remplacé par celui du 1er jour, ils citent MATTHIEU 28 : 1 « Après le sabbat, à l'aube du premier jour de la semaine, Marie de Magdala et l'autre Marie allèrent voir le sépulcre ». MARC 16 : 1 « Lorsque le sabbat fût passé, Marie de Magdala, Marie, mère de Jacques, et Salomé, achetèrent des aromates, afin d'aller embaumer Jésus ». LUC 24 : 1 et JEAN 20 : 1, expriment la même idée : les gens se reposèrent le sabbat. Le premier jour de la semaine, ils reprirent leurs activités séculières y compris vendre et acheter, faire des transactions régulières comme ils savaient le faire avant la mort de Jésus-Christ. Certains veulent lire dans ces textes ce qu'ils auraient aimé lire. Hélas ! Ils vont jusqu'à dire que les versions françaises, anglaises et espagnoles ont mal traduit Matthieu 28 : 1, que dans l'original grecque samedi est remplacé par dimanche. La réponse est simple : Non ! Il importe de laisser le Saint-Esprit nous guider dans l'obéissance. Parfois, notre grand savoir peut nous empêcher de voir une simple vérité qui saute aux yeux.

Une simple petite question :

Jésus aurait-il choisi de se reposer dans la tombe le jour du sabbat pour reprendre sa vie le dimanche matin ? Pourquoi un Dieu si juste laisserait cette ombre de doute planer sur tous les chrétiens sans jamais mentionner un si grand changement dans tous ces discours, et cela pas même une seule fois.

D'aucuns déclarent que si samedi est le jour de repos après six jours de labeur, dimanche est leur jour de reconnaissance pour leur salut obtenu grâce à la résurrection de Jésus-Christ. Adopter un jour d'actions de grâces n'a rien à voir avec l'observation du sabbat. Le dimanche ne peut pas remplacer le samedi dans le calendrier divin. Certains peuvent dire qu'il y a de nombreux points obscurs, voire mystérieux dans la Bible. Je suis d'accord avec eux. Mais en toute sincérité, je ne crois pas que le commandement du sabbat en fasse partie. Il est très clair : Genèse 2 : 1-3 stipule que Dieu créa le monde en six jours littéraux de 24 heures (Genèse 1 : 5, 8, 13, 19, 23, 31), puis il acheva ses oeuvrés et se reposa le septième jour. Il bénit le septième jour, et il le sanctifia. Remarquons que c'était bien avant l'introduction du péché dans le jardin. Pourquoi Dieu prit-il la peine de bénir et de sanctifier le septième jour ? Est-ce que cela veut dire que les six autres jours étaient maudits ? Impossible, parce que tout était bon et le péché n'existait pas encore. Il voulait attirer l'attention sur le septième jour. C'était l'anniversaire de sa création. Tous les sept jours, cet anniversaire doit être célébré. Dans son omniscience, il savait que les hommes allaient se rebeller contre ce saint jour et choisir un autre.

Ce n'est point étonnant que le sabbat soit l'institution la plus controversée de nos jours puisqu'il se trouve inscrit au sein même de la loi de Dieu. La seconde qui lui est semblable est le mariage et relève d'un autre débat.

Peu importe nos divergences, nous sommes tous d'accord que Jésus est la Vérité et non un diplomate. Pendant son séjour sur la terre, Il n'avait donc jamais peur de dire la vérité. Il suffit de jeter un coup d'œil dans la Bible, plus précisément, MATTHIEU 15 : 12-14, MATTHIEU 16 : 4, MATTHIEU 21 : 45-46 et MATTHIEU 23 et nous avons de très nombreux exemples de sa crédulité et de sa franchise. Ne pensez-vous pas qu'il aurait dit quelque chose concernant le jour du sabbat, s'il y avait vraiment un changement ? Comment garderait-t-il ce silence sur une question si vitale ? Il gronda les Pharisiens qui s'amusaient à ajouter des choses, à augmenter le fardeau du peuple dans le domaine religieux. MATTHIEU 23 : 23, Jésus déclara : « c'est là ce qu'il fallait pratiquer, **sans négliger** les autres choses. » Mieux encore, bien avant sa mort, en MATTHIEU 24 : 15-20, s'adressant à ses bien-aimés et parlant de la destruction de Jérusalem, il leur dit : « Priez pour que cela n'arrive ni en hiver, ni un jour de sabbat. » Pourquoi ? Vous voulez me dire qu'il n'avait pas prévu qu'il allait changer le sabbat du 7eme jour au sabbat du 1er jour ? S'il avait un tel plan, c'était une occasion idéale pour lui de le dire aux disciples.

Mais il les exhorta à prier pour que la destruction de Jérusalem n'arrivât pas un jour de sabbat où ses enfants seraient en un même lieu d'adoration. Dieu est juste, il n'est pas l'auteur du Big Bang. Il parle sans équivoque. Il sait ce qu'il fait. Quand Jésus commentait sur la destruction de Jérusalem, il savait que cela allait se passer en l'an 70 de notre ère, longtemps après sa résurrection. Cela signifie que Jésus espérait que ces disciples allaient continuer à observer le sabbat biblique même après son ascension. Les disciples avaient-ils fait des changements ? On peut toujours spéculer, faire des déductions, mais on ne va pas trouver de modifications claires apportées par les disciples.

Certains trouvent que Jésus n'était pas assez catégorique sur le sabbat. Devait-il continuer à se répéter ? Il peut choisir de répéter ou de ne point répéter un ordre. En Eden, il choisit de ne point répéter son ordre de ne « pas manger le fruit ». Il est Dieu. Il est indépendant. Il peut faire ce qu'Il veut quand Il le veut et comme Il le veut. Nous n'avons pas à questionner ses actions. Notre devoir est d'obéir à sa parole si nous sommes ses enfants.

j- *Jésus et l'accomplissement de la loi le jour du sabbat*.

Jésus est venu corriger l'usage des coutumes qui faisaient du sabbat une corvée, un fardeau. Il déclara « Il est permis de faire du bien le jour du sabbat ». Le changement nécessaire n'était pas de passer d'un jour à un autre, mais plutôt sur la façon dont ce jour était observé. Le changement que préconisait Jésus-Christ était au niveau de l'esprit dans lequel on abordait ce septième jour. Car les hommes avaient fait de ce saint jour un fardeau en y ajoutant leurs traditions et leurs coutumes.

Jésus tenait à restaurer le sabbat à sa stature initiale, un jour de délice, d'adoration et d'actions de grâces pour tous ses enfants.

Premières conclusions.

Ce même défi nous est lancé en ce 21eme siècle. Le salut nous est offert et nous est accordé seulement par Jésus-Christ et non par les rites et les coutumes pratiquées, ou par nos propres actions méritoires, ou même par l'observation du sabbat. Si quelqu'un pense mériter le salut en obéissant à tel ou tel commandement, il est dans l'erreur. Si une religion ou une organisation exige l'observation d'un précepte quelconque pour être sauvé, elle est loin de la vérité. La récompense éternelle nous est acquise par Christ qui mourut sur la croix une fois pour toutes, et paya le prix de notre rachat. Il suffit de l'accepter. Mais une fois sauvé par grâce, en guise de reconnaissance, le chrétien décide de marcher en suivant les traces de Jésus, non pas celles d'un homme, non pour être sauvé, mais parceque racheté par le sang de Jésus. Comment quelqu'un peut apprécier ce don précieux et continuer à mépriser la volonté du donateur. Nous pouvons choisir d'obéir ou de désobéir à Dieu, mais il ne sème jamais la confusion. Dieu n'insinue jamais le doute. C'est le trompeur, le faussaire qui le fait. Il entama cette pratique depuis l'Eden en disant : « Dieu a-t-il vraiment dit … ? », Genèse 3 : 1. De nos jours, il reprend la même méthode : Dieu a-t-il vraiment dit que le sabbat est le jour du repos ? Il utilise toutes sortes de subterfuges, de manœuvres dilatoires, ou de philosophies pour calmer notre conscience et nous porter à désobéir aux impératifs du Créateur. Il sait qu'avec Jéhovah, ignorer un commandement c'est ignorer toute la loi. Avec le Créateur, il n'y a pas de demi-mesure.

Comme tout parent responsable, Dieu a déjà parlé, il n'a pas à se répéter comme un vieillard gâteux. Il sait aussi que nous pouvons le comprendre et choisir de lui obéir ou de ne pas le faire. L'ennemi de nos âmes sait qu'il faut pleinement obéir à Dieu si nous voulons lui être agréables. Alors il nous fournit toutes sortes d'alibi. Il y a tant d'excuses, tant d'explications autour de nous que même les gens animés de bonne foi sont confus. Bien-aimés, le choix demeure simple : obéir à Dieu ! La sincérité ne suffit pas. Le jeune homme riche dans Marc 10 était sincère, Jésus l'aimait. Mais il ne put aller jusqu'au bout parce qu'il était incapable d'abandonner les biens de cette planète. En d'autres termes, il préféra sa fortune à Jésus-Christ. Dans MATTHIEU 16 : 24, Jésus dit : «Si quelqu'un veut venir après moi, qu'il renonce à lui-même, qu'il se charge de sa croix, et qu'il me suive. » Lorsque les gens ont à décider sur cette question, il semble être très, très difficile. Beaucoup ne savent que répondre, ou répondent très mal face à une telle décision. Rappelons-nous que Satan osa dire à Jésus en MATTHIEU 4 : 3 : « Si tu es le fils de Dieu … ». Il est évident que l'insinuation du doute et de la confusion n'est pas de provenance divine. Dieu s'est déjà prononcé là-dessus. Il a même agi. Il se reposa le septième jour après la création. Au cours de son séjour sur cette terre, Jésus observa le sabbat chaque semaine, se rendant à la synagogue et faisant du bien à la race humaine. Il se déclara « Maître du Sabbat ». Même dans le tombeau il se reposa le sabbat. Nous pouvons faire des insinuations, des déductions, un peu de philosophie et de dilatoire, le fait est clair, dans la Bible, seul le septième jour de la création est l'objet d'une bénédiction spéciale et non pas un autre. Nous devons être conséquents avec nous-mêmes. Les hommes ont toujours voulu faire à leur tête, et opérer selon leurs propres règles de conduite. Saint Paul nous dit dans GALATES 1 : 8 : « Mais, quand nous-mêmes, quand un ange du ciel annoncerait un autre évangile que celui que nous vous avons prêché, qu'il soit anathème ! »

k- Les disciples et l'observation du sabbat après la mort de Jésus.

Après sa résurrection, que fit Jésus le premier jour de la semaine (Dimanche) ? MARC 16 : 9 nous dit qu'Il apparut à Marie de Magdalena. En LUC 24 : 33-43 on le rencontre sur le chemin D'Emmaüs, où il partage le repas avec les disciples. Plusieurs disent que c'est une preuve que les disciples se réunissaient dorénavant le dimanche pour commémorer la résurrection de Jésus-Christ. Cela ferait beaucoup de sens. Mais, les disciples ne savaient même pas que Jésus était ressuscité. Ils étaient tous dans la tristesse et la peur. Ils se réfugièrent dans la chambre haute dans la consternation et ne purent même pas reconnaitre le Maître ressuscité qui était parmi eux, d'après JEAN 20 : 19 : 21. Quand Jésus se présenta à eux, ils eurent de la peine à le croire. Alors, Comment pouvaient-ils célébrer sa résurrection ? Que fit Joseph d'Arimathee le jour de la crucifixion ? Que firent les femmes qui étaient venues de Galilée … ? LUC 23 : 50-56 nous explique qu'ils mirent le corps de Jésus dans un sépulcre, puis se reposèrent le jour de Sabbat, selon la loi.

Est-il raisonnable de dire que le sabbat était l'affaire de tous les contemporains Juifs de Jésus. À la lumière du quatrième commandement, ils tenaient compte de la déclaration insérée en EXODE 20 : 8-11 « tu ne feras aucune œuvre en ce jour la ». Donc, à la mort de Jésus-

Christ, ils choisirent de respecter le sabbat et d'aller embaumer Jésus à l'aube du premier jour ; mais Jésus était déjà ressuscité. Que firent les dames le premier jour de la semaine ? Luc 24 : 1 nous dit qu'après s'être reposé le jour du sabbat, dès l'aube du premier jour, elles se rendirent dans la tombe où Jésus fut placé afin de l'embaumer. Compte tenu du caractère de Jéhovah, avons-nous assez de faits pour décider en toute bonne conscience et en toute quiétude d'esprit de remplacer le sabbat du septième jour par le sabbat du premier jour par simple déduction ou inférence ? Cela réclame au moins quelques séances de réflexions intenses dans l'humilité et la prière !

1- *Paul et l'observation du sabbat après la montée de Jésus.*

Quelle fut l'attitude des disciples après la montée de Jésus au ciel ?

Entre eux tous, l'Apôtre Paul peut très bien nous aider en cela. Que fit-il ?

ACTES 13 : 13-16 : « Paul et ses compagnons, s'étant embarqués à Paphos, se rendirent à Perge en Pamphylie. Jean se sépara d'eux, et retourna à Jérusalem. De Perge ils poursuivirent leur route, et arrivèrent à Antioche de Pisidie. Étant entrés dans la synagogue le jour du sabbat, ils s'assirent. Après la lecture de la loi et des prophètes, les chefs de la synagogue leur envoyèrent dire : Hommes frères, si vous avez quelque exhortation à adresser au peuple, parlez. Paul se leva, et ayant fait signe de la main, il dit : Hommes Israelites, et vous qui craignez Dieu, écoutez ! », 42 -44, ACTES 16 : 16, ACTES 17 : 1, 2; ACTES 18 : 1-4 et 11 nous montrent

qu'à chaque sabbat du 7eme jour, Paul avait coutume de
se rendre au temple ou de chercher un endroit pour
adorer, ou enseigner. S'il y avait un changement de jour
de repos, ce serait le moment idéal de l'annoncer et
de le prouver dans l'une de ces occasions. Que fit Paul
le premier jour de la semaine ? ACTES 20 : 6-14. Il se
prépara pour entreprendre un voyage afin d'aller prêcher
la bonne nouvelle du royaume, non pour adorer. Quelle
autre mention Paul fit-il du premier jour ? Il invita les
croyants à mettre de côté les dons à la maison **dès** le
premier jour. On devait préparer chez soi l'offrande dès
le premier jour. La préposition **dès** indique un point
de départ, une préparation pour une action future.
1 CORINTHIENS 16 : 1, 2 ‹ chez lui › ‹ apus se › expression grecque. Pas à l'église mais chez lui … « Pas dans
le plateau de la collecte à l'église ». D'après la traduction
de la Vulgate et de Castellion « Chez soi, dans sa maison ». Selon la version française, Ostwald, Martin, Louis
Second, De sacy … tous donnent la même traduction
« mettre de côté dans sa maison ». En d'autres termes,
l'apôtre Paul invitait les gens à préparer leurs offrandes
chez eux dès le premier jour pour les apporter au service
d'adoration (un autre jour : le septième jour ?). C'est
la seule explication logique. Donc à la lumière de ces
textes, nous pouvons expliquer COLOSSIENS 2 : 16, 17 :
« Que personne donc ne vous juge au sujet du manger
ou du boire, ou au sujet d'une fête, d'une nouvelle lune
ou **des** sabbats : c'était l'ombre des choses à venir, mais le
corps est en Christ ». Ici il s'agit **des** sabbats, des fêtes,
des repos cérémoniels qui étaient l'ombre des choses à
venir. La mort du Christ et sa résurrection accompli-
rent toutes les exigences pour lesquelles les sacrifices,
les fêtes cérémonielles étaient nécessaires. L'apôtre Paul
n'avait jamais inclus le sabbat du septième jour dans ce

texte. Si oui il se serait lui-même révélé inconsistant dans ses croyances et pratiques puisqu'il participait aux services d'adoration au jour du sabbat.

En guise de conclusion : Le sabbat au cœur de la loi de Dieu

Le sabbat du septième jour est créé en Eden, bien avant l'avènement du péché dans la création. Il est béni par Dieu lui-même. Il est rappelé aux générations des adorateurs. Il est observé par Jésus lui-même. Pourquoi Paul serait lui-même autorisé à abolir le sabbat ou à le mélanger avec les lois cérémonielles et les services que Moïse avaient ordonné au peuple d'Israël de suivre bien après le péché ? Rappelez-vous, même au temps de Moïse, il pouvait écrire les lois cérémonielles, mais quand aux 10 commandements, Dieu les écrivit lui-même avec ‹ son propre doigt ›, Exode 31 : 18. Pourquoi Dieu prit-t-il le soin particulier de faire une telle distinction ? Si Moise ne pouvait pas les écrire lui-même, pourquoi Paul serait-il autorisé à les modifier ? Pourquoi dire que la loi est abolie et qu'on soit appelé à observer tacitement les neuf autres commandements ? Soyons conséquents avec nous-mêmes ! Si la loi est abolie, on ne peut plus parler de péché, car le péché « est la transgression de la loi », d'après 1 Jean 3 : 4. Pensez-vous que Dieu peut opérer un univers si complexe sans lois ? Aimeriez-vous vivre dans un pays sans lois ? La vie éternelle est un don ‹ gratuit › que nous avons reçu de Jésus. Mais Jésus-Christ lui-même déclare « si vous m'aimez, garder mes commandements » (Jean 14 : 15). Paul dira : « Produisez donc des fruits dignes de la repentance ». L'enfant de Dieu n'est pas sauvé par la loi. Cependant, étant sauvé par grâce, il s'évertue à plaire à son Dieu en lui obéissant.

Nous pouvons aussi expliquer ce que Paul voulait dire en GALATES 4 : 10, 11 ou PHILIPPIENS 3 : 17
« soyez mes imitateurs comme je le suis moi-même de
Christ » ou encore : tant que « moi-même je continue à
imiter Christ. »

Si un ange vous annonce un autre évangile qu'il soit
anathème. Alors, vous voulez me dire que si vraiment
Jésus avait changé le sabbat au dimanche, les disciples,
y compris l'apôtre Paul, auraient catégoriquement rejeté
cet enseignement de Jésus et auraient continué à observer le sabbat ?

- Le sabbat du septième jour est un *fait historique*
  indéniable avec des fondements solides qui
  remontent à la Création.

- Du point de vue légal, le sabbat est *au centre*
  même des commandements écrits par
  Dieu lui-même.

Pour ceux qui voudraient l'abolir et continuer de
dire qu'ils sont obéissants à Dieu, l'apôtre Jacques leur
parle : « quiconque observe toute la loi, mais pèche
contre un seul commandement, devient coupable envers
tous. » JACQUES 2 : 10. Une autre question légale et logique se pose : Est-ce que les disciples qui viennent après
Jésus seraient autorisés à changer ce que Jésus n'avait
pas changé ? D'où leur viendrait-il une telle autorité ?
Seraient-ils égaux ou supérieurs à Jésus pour oser changer ce qu'Il n'a pas lui-même changé ?

La probité intellectuelle, la boussole morale dont
chacun de nous est doté, nous permet de nous mettre
d'accord sur un fait : le changement du sabbat au dimanche est un cas d'insubordination extraordinaire.
On peut essayer de se calmer la conscience en évoquant

toutes sortes d'excuses, de déduction ou d'insinuation. Il est dit d'observer le sabbat du 7eme jour. Jésus et les disciples eux-mêmes observaient le sabbat du 7eme jour sans équivoque. Alors que doit faire un chrétien sincère ? Suivre la voie facile, spacieuse où s'engage la majorité désobéissante, ou suivre Jésus et vivre dans la Vérité. MATTHIEU 7 : 13 relate une déclaration de Jésus-Christ : « Entrez par la porte étroite. Car large est la porte, spacieux est le chemin qui mènent a la perdition, et il y en a beaucoup qui entrent par là. » Il poursuit en MATTHIEU 7 : 21 : « Ceux qui me disent Seigneur, Seigneur ! n'entreront pas tous dans le royaume des cieux, mais celui la seul qui fait la volonté de mon Père qui est dans les cieux. »

Jésus nous met en garde contre la pensée d'acquérir le royaume éternel en théorie. Dans 1 CORINTHIENS 4 : 20, saint Paul nous dit que le royaume de Dieu ne consiste pas en paroles mais en actions. Soyons prudents ! Souvenons-nous du texte inséré dans 2 THESSALONICIENS 2 : 11 : « Aussi Dieu leur envoie une puissance d'égarement, pour qu'ils croient au mensonge. » À force de résister, la conscience se cautérise. D'après ce texte certains reçoivent une puissance d'égarement afin de croire au mensonge. Faisons attention pour ne pas être du nombre de ceux qui partagent cet esprit d'égarement. Quand nous résistons à la vérité, nous nous accrochons aux traditions humaines et rejetons le plan de Dieu pour notre vie. Longtemps avant nous, Descartes avait souligné que la raison devait nous faciliter l'accès aux vérités de la foi. Malheur à nous, si nous apprenons à raisonner pour nous calmer la conscience en empruntant un chemin détourné pour éviter d'obéir aux sommations du ciel. À force de résister, le mensonge nous attire et nous maintient dans l'erreur. Nous nous trouvons en dehors de la foi qui sauve. Cette résistance nous coutera trop cher. Entre la foi et la présomption, il y a moins d'un pas. On peut facilement se tromper d'adresse et penser être sur la bonne voie. ROMAINS 1 : 22 déclare : « Se vantant d'être sages, ils sont devenus fous. » Alors, soyons sur nos gardes. Réfléchissons ! Rappelons-nous que le salut est une faveur céleste. Toutefois, après avoir été sauvé, il est bienséant de vouloir au moins savoir ce qui peut plaire à Dieu, non pour mériter le salut, mais pour lui prouver notre reconnaissance pour ce grand salut. Nous devons faire attention pour ne pas tomber dans le piège du « sophisme ad hominum », c'est-a-dire se chercher des excuses pour éliminer l'essentiel du raisonnement. Que de fois des gens pour éviter de parler de l'authenticité du sabbat, commencent par dire « que les observateurs du sabbat manquent d'amour, sont hautains, ou ont une prophétesse … etc. » Ils passent à coté du vrai problème qui est la désobéissance aux commandements de Dieu. Soyons de bonne foi, acceptons la vérité et évertuons nous à la mettre en pratique, même si nous sommes une minorité à le faire. C'est une position impopulaire, mais **la vérité a toujours été impopulaire.**

Peut-être certains ont encore des doutes, considérons alors la scène suivante qui présente deux croyants sincères et leurs actions :

Le croyant # 1 sait qu'il est sauvé par grâce. Etant sauvé sans aucune contribution de sa part, Il fait de son mieux pour témoigner sa reconnaissance en obéissant à son Rédempteur. Il continue à l'adorer le dimanche.

Le croyant #2 est aussi convaincu que seul le sang de Jésus-Christ versé sur la croix lui donne accès au royaume éternel de gloire. Il dit qu'à la lumière de la Bible, il fait partie de la minorité qui observe le sabbat du 7ème jour non pour être sauvé, mais à cause du souci de plaire à Dieu.

Le jour des grandes rétributions arrive. Les deux se présentent par devant le trône de Dieu pour le jugement. Dans sa justice, quel argument fera plus de poids pour le Créateur, celui du premier ou celui du second ? Si Dieu leur demandait de soutenir leur décision par les Écritures, sans faire d'inférences, de déductions ou de rabattements, juste les textes bibliques, lequel des deux aurait un meilleur cas ? Quelle décision devons-nous prendre ? Chacun de nous doit faire le choix décisif. Rappelons-nous : 1-Nous pouvons utiliser des textes bibliques pour soutenir la majeure partie de nos positions en dehors de leur contexte. Sommes-nous en harmonie avec toute la Bible ? Nous pouvons aussi trouver que certains textes sont un peu difficiles et mêmes ambigus, dans ce cas faisons preuve de bonne foi, demandons à Dieu de nous guider mais n'exigeons pas qu'il change ce qu'il a déjà dit afin de nous accommoder et nous permettre de suivre la route large ?

Abondons dans le bon sens. Exode 23 : 2 nous exhorte à ne pas suivre la multitude pour désobéir aux principes divins. Soyons dociles entre les mains du Créateur. Il saura nous guider si vraiment nous sommes loyaux. Le malheur est que bien souvent – sans même le savoir- nous sommes enclins à suivre les parents, les amis, les dirigeants d'églises, les traditions, les mythes, et les sophismes pour étayer notre foi. La Bible foisonne d'exemples où une minorité seulement suivait la vérité.

Veillons et prions ! Je comprends que les croyances ou les dogmes qui nous ont été transmis par nos parents ou par l'église ont déjà pris racine dans nos cœurs et dans nos esprits. C'est le résultat de plusieurs siècles, plusieurs générations de cultures, de pensées et d'enseignements. Alors, pour beaucoup il est très difficile d'abdiquer maintenant. Mais je vous rappelle l'expérience de Paul qui n'hésita pas à faire demi-tour une fois qu'il réalisa qu'il n'était pas sur la bonne voie. Le zèle, la bonne foi, voire la bonne conscience, ne suffisent pas pour éviter de tomber dans l'erreur. Le Très-Haut utilise différents moyens pour nous parler. Cependant, nos préjugés, notre tendance à anticiper le mode de gouvernement du Tout-Puissant nous rend aveugle, et durcit notre entendement. Paul était un homme qui fit de son mieux pour servir Dieu. Il était intègre, il était dévoué. Mais il était dans l'erreur. Quand il reçut l'étrange vérité selon laquelle les chrétiens minoritaires qu'il persécutait étaient dans la vérité, il ne résista point. Il dut prendre position seul pour celle-ci alors que tout le système, toutes les institutions, toutes les instances religieuses légitimes dont il faisait partie étaient dans l'erreur. C'était un choix douloureux. C'était une déchirure profonde pour Paul. Mais il réalisa qu'il ne pouvait pas « résister à la vision céleste. » Un jour viendra où plusieurs voudront abdiquer mais il sera peut-être trop tard. Heureusement, nous pouvons choisir de plaire à Dieu maintenant et — comme Paul — décider de faire sa volonté. J'ose espérer que ces lignes vous portent à réfléchir sur votre position d'obéissance ou de désobéissance à Dieu et à sa parole. Si cette analyse sur la parole de Dieu arrive à bouleverser les cœurs de certains et les commander à la réflexion ; il n'est vraiment pas trop tard pour qu'ils choisissent Dieu et se décident pour l'observation de

sa loi, non pour être sauvés mais afin de mieux le servir. L'auteur du livre des Hébreux, au chapitre 3, les
versets 7, 8 nous dit « de ne pas endurcir nos cœurs si
nous entendons aujourd'hui la voix du Saint-Esprit. »
Je pense instamment à une amie d'enfance. Elle croyait
dans le repos du dimanche jusqu'au jour où elle com-
prit que « le sabbat du dimanche » est une institution
habilement installée par les hommes, les dignitaires
humains. Alors, a-t-elle choisi d'adorer Dieu le jour
du Sabbat ? Non ! Elle se refusa à le faire argumentant
qu'elle préfère suivre les voies de ses parents et grands-
parents, et d'obéir aux lois de son Église. Ce faisant, elle
semblait avoir rejeté la loi de Dieu pour le confort de
son environnement. Mais, selon les Actes 5 : 29, « Il
faut obéir à Dieu plutôt qu'aux hommes. » Pour éviter
d'entamer notre amitié, une fois, je lui fis cette confession : « Avec l'accumulation des ans, j'ai longtemps
caressé l'idée d'adopter le 29 Février comme la nouvelle
date de mon anniversaire de naissance. De cette façon,
je pourrais réduire considérablement le nombre de mes
années. Mais après maintes réflexions, je réalisai que
peu importe la façon dont je veux manipuler le calendrier, les années s'accumuleront et je ne pourrai jamais
arriver effectivement à changer la date à laquelle ma
mère m'a infligé le jour. Je n'ai pas de pouvoir sur ce jour.
L'homme n'a aucun pouvoir sur le calendrier de Dieu.
Il y-a certaines dates que nous ne pouvons pas changer.
Genèse 2 : 2, 3 énonce que le « Dieu **acheva au septième jour son œuvre**, qu'il avait faite ; et **il se reposa au
septième jour de toute son œuvre, qu'il avait faite**. Dieu
bénit le septième jour, et il le sanctifia, parce qu'en ce
jour il se reposa de toute son œuvre qu'il avait créé en la
faisant. » Le septième jour est l'anniversaire de la création de Dieu. Nous pouvons essayer de le changer, mais

certaines dates, certains jours ne peuvent jamais être remplacés.

Mon amie n'a pas voulu bouger. Sans partager son point de vue, je respectai sa position. Nous sommes restés amis. J'avais fait mon travail en toute bonne conscience. Pris dans l'engrenage de la vie, on s'est perdus de vue. Je ne peux pas vous dire combien j'étais heureux quand un beau jour je reçus un message de mon amie. Quand je l'ai contactée, elle m'apprit qu'elle observait le Sabbat du septième jour depuis 3 ans. Je ne saurais vous décrire ma joie. J'avais fait de mon mieux, et le Seigneur — au moment opportun — fit le reste. Je lui demandai de se rappeler que le salut est une grâce et qu'elle ne l'obtiendra pas par ses œuvres. Cependant, il est bon d'obéir à Dieu parce qu'il nous le demande

L'appel est lancé à tous. Tous ne répondront pas. « Il y a beaucoup d'appelés, mais peu d'élus », MATTHIEU 22 : 14. Le choix est personnel. On n'a pas à se chamailler.

L'essence De La Vie : Choisir

En ce plein 21ᵉᵐᵉ siècle, l'homme est défini en fonction de la biologie moléculaire, la physiologie et la thermodynamique. En d'autres termes, il est considéré, par la science, à partir des données génétiques qui le supportent : l'ADN/ARN, l'entretien concourant des réactions biochimiques qui se produisent en lui, et son habileté à puiser de l'énergie dans son environnement pour se perpétuer et se transformer.

Dans les temps anciens, on était un peu plus sentimental. Plusieurs penseurs y compris Epicure, voulaient définir l'homme d'après leurs observations et leurs expériences personnelles. Selon eux, la tendance naturelle consiste à vouloir inexorablement éviter tout ce qui peut causer de la peine pour poursuivre le plaisir. Nous devons admettre que la vie de chacun est peu ou prou déterminée par la poursuite du bonheur et l'évitement de la douleur.

Malheureusement, dans la sphère biologique, l'être humain découvre qu'en poursuivant la félicité et en voulant éviter le malheur il s'est souvent trompé d'adresse. Ceci a porté certains philosophes y compris René Descartes, Jeremy Bentham et Baruch Spinoza à croire que le bonheur n'est qu'un mirage, un ‹ idéal inaccessible ›. Ils ont été jusqu'à postuler que le plaisir et la douleur font partie d'un continuum qui engage le parcours des Neurotransmetteurs tels que la Dopamine et l'endorphine. Pascal, de son côté disait que le Bonheur est impossible à l'homme. Du reste la décision n'est pas unanime. Il y a une remise en question de tout.

Qu'on soit scientifique, philosophe, ou théologien, on est obligé d'admettre que l'essence de la vie est basé sur le fait de **choisir**.

Même la Bible soutient une telle démarche. Nous lisons en GENÈSE 2 : 16, 17 « L'Eternel donna cet ordre à l'homme : Tu pourras manger de tous les arbres du jardin ; mais tu ne mangeras pas de l'arbre de la connaissance du bien et du mal, car le jour ou tu en mangeras, tu mourras. » Cet ordre formel sous-entend non seulement que l'homme était capable de comprendre l'ordre donné mais aussi il pouvait choisir d'obéir ou de désobéir avec les conséquences clairement définies. Selon GENÈSE 4 : 7 Dieu dit à Caïn : « Certainement si tu agis bien, tu relèveras ton visage, et si tu agis mal, le péché se couche à la porte, et ses désirs se portent vers toi : mais toi, domine sur lui. » En JOSUÉ 24 : 15 : « Choisissez aujourd'hui qui vous voulez servir. ».

En DEUTÉRONOME 30 : 19 : « J'ai mis devant toi la vie et la mort, la bénédiction et la malédiction. Choisis la vie, afin que tu vives, toi et ta postérité. » Nous nous permettons de déduire que la vie et la bénédiction équivalent au bonheur, la mort et la malédiction traduisent le malheur. Que nous le voulions ou pas, il est évident que la vie de chacun de nous dépend de nos choix. D'ailleurs nous répétons à tout bout de champ que « la vie est un choix ».

Il est curieux de remarquer que dans le domaine spirituel l'idée de choisir n'est pas difficile, c'est plutôt les actes posés pour concrétiser nos choix qui donnent du fil à retordre. Selon l'enseignement spirituel, Dieu nous invite à choisir entre le bien et le mal, la vie et la mort, la lumière et les ténèbres, la vérité et l'erreur. Le peuple d'Israël était donc devenu habitué avec ce genre d'enseignement. Jésus déclara en Luc 16 : 13 : « Nul serviteur ne peut servir deux maîtres. Car ou il haïra l'un et aimera l'autre ; ou il s'attachera à l'un et méprisera l'autre. Vous ne pouvez servir Dieu et Mammon. »

Que signifie Mammon ? Mammon vient du grec ‹ mamonas › de l'araméen ‹ mamona ›. Il signifie argent, personnification de la richesse, c'est le dieu des choses terrestres. C'est le moyen le plus efficace pour l'ennemi d'entraîner la destruction de la race humaine.

Dieu a toujours évité toute ambigüité en s'adressant à l'humanité et ceci depuis Eden. Mais l'ennemi de nos âmes a inventé ce que nous pouvons appeler les nuances, la zone grise. ‹ Un petit peu › ‹ pas tout à fait ›, ‹ cela dépend ›, ‹ il ne faut pas être si strict, si intolérant, » ‹ entendons-nous ›, ‹ ne nous stressons pas ›, ‹ évitons les interdits, les frustrations car cela nous rend malades ›. La réalité des deux voies : la voie droite d'une part et la voie détournée, tortueuse et dangereuse de l'autre part, est devenue démodée. Plus rien n'est absolu. Tout dépend des interprétations. L'essentiel est qu'on s'amuse et qu'on jouisse de sa vie. C'est la définition du monde de la liberté : être en mesure de faire ce qu'on veut sans restriction et sans tenir compte des conséquences. Tout est relatif. Nous vivons l'ère des zones grises, des compromis, des alternatives : Dieu a dit de ne pas manger de l'arbre de la connaissance du bien et du mal, l'ennemi vient et dit : « Dieu a-t-il vraiment dit … ? » « Peut-être que vous l'avez mal compris. Comment peut-il limiter votre liberté et vous empêcher de vous épanouir ? Doute-t-il de votre jugement ? Ne pouvez-vous pas prendre votre propre décision ? Comment pouvez-vous

vous considérer libre si vous ne pouvez pas faire tout ce que vous voulez ? »

Le Créateur dit : « Si tu le manges tu mourras », GENÈSE 3 : 4. L'usurpateur déclare : « vous ne mourrez point ! », GENÈSE 3 : 5. « Au contraire, en le mangeant vos yeux s'ouvriront et vous serez comme des dieux », GENÈSE 3 : 4, 5. Nos premiers parents devaient ainsi reconnaître qui était leur Créateur, qui œuvrait diligemment pour leur bien-être et qui ne le faisait pas. Remarquons qu'ils décidèrent d'obéir au serpent qu'ils ne connaissaient pas et qui n'avait rien fait pour eux, au lieu de suivre les consignes de celui qui les avait créés et qui leur avait prodigué tout ce dont ils pouvaient jouir dans le jardin.

En Genèse 4, nous voyons Caïn qui se révolta contre les déclarations divines au point d'initier le premier fratricide dans l'histoire humaine. De nos jours, Dieu nous instruit sur la meilleure façon de vivre. Il parle de la vie éternelle ou de la destruction pour jamais. Mais une autre voix nous dit pourquoi pas un purgatoire ? Pourquoi pas un enfer éternel ? En ACTES 4 : 12, Dieu dit que le salut est octroyé par Christ et par Christ seulement, l'autre voix conteste : « Pas si vite ! Pourquoi ne pas passer par Marie, les saints, les indulgences, les œuvres, la religion, la dénomination, l'organisation ? » Dieu promulgue les dix commandements, y compris le 4eme. Les hommes, pour jouer à l'intelligent, tantôt disent qu'ils ont tous été abolis, tantôt disent que c'est la loi cérémonielle, tantôt disent que Jésus-Christ les avait changés lors de sa résurrection, alors pourquoi pas Dimanche, vendredi ou n'importe quel jour ? Encore un autre raisonnement : Je suis Chrétien mais Dieu voit que les dirigeants sont mauvais, alors laissez-moi rester à la maison. Car Dieu voyant et comprenant tout m'acceptera chez moi. Dieu créa Adam et Eve comme un couple, de nos jours nous disons « je peux choisir n'importe qui et autant que je veux ».

Dieu dit d'aimer son prochain : celui qui est le plus proche. Nous, nous disons « pourquoi pas celui que je choisis, que j'aime et qui fait mes quatre volontés. »

Dieu dit de prendre soin de son église. Nous, nous raisonnons : « les gens ne font pas un bon emploi de mon argent ... les choses sont difficiles ... Dieu sait tout ... Je peux mieux gérer ce que j'ai gagné à la sueur de mon front ... ».

Jésus dit en MATHIEU 6 : 34 : « Ne vous inquiétez donc pas du lendemain ; car le lendemain aura soin de lui-même. » Nous, nous ajoutons, comme de grands penseurs : « aide toi et le ciel t'aidera », c'est-a dire chacun doit préparer son lendemain en négligeant d'aider ses semblables, en comptant sur soi-même avant de compter sur le Créateur. Pourtant, la règle d'or de l'existence humaine consiste à aider son prochain.

JEAN 3 : 16 indique que le salut est accordé à tous, certains grands penseurs disent que Jésus est mort seulement pour une catégorie de gens.

Chers amis, souffrez que je vous rappelle que cette tendance à vouloir contredire, corriger, retrancher, raisonner, ajouter aux commandements divins est du diable. Elle entraînera une imposante majorité à la perdition éternelle. Partout où la voie du Seigneur est clairement indiquée, l'ennemi injecte le virus du doute. Il introduit une simple petite nuance, une insinuation, une contrefaçon. Il trouve une échappatoire, il se ménage une issue, une ouverture. Dieu paie une attention soutenue à nos intentions, ou à nos mobiles. Jésus déclare en MATTHIEU 5 : 37 : « que votre parole soit oui, oui, non, non ; ce qu'on y ajoute vient du malin. » Bon gré, mal gré, nous sommes influencés par le milieu dans lequel nous évoluons. Que se passe-t-il autour de nous ? Le prince de la terre contrôle tout par Mammon. Que voyons-nous ?

1. Il n'y a pas une vraie ligne de démarcation entre la vérité et l'erreur.

2. Il n'y a pas d'autorité absolue, pas de règles, pas de principes référentiels, pas de vérité absolue. Chacun peut avoir sa vérité. Ce qui compte c'est le style, la popularité, le résultat. La substance, la structure, les voies normales, l'ordre hiérarchique, le respect … tout cela importe peu.

3. La tolérance donne le ton. Il faut tout faire pour accommoder tout le monde. Il faut s'ajuster pour ne froisser personne. Tout est admissible, tout est permis, rien n'est interdit.

4. Les mots n'ont plus de valeur intrinsèque, inhérente. Leur signification varie avec l'époque, les circonstances et celui ou celle qui les prononce et ceux qui les écoutent.

5. C'est l'ère où ce qui est virtuel, qui n'a pas d'effet réel, qui n'est pas du domaine physique remplace la réalité. La réalité est purement virtuelle, et devient sujette à nos interprétations, nos caprices et nos fantaisies bizarres. Que dis-je ? Le bizarre évince la réalité et la supplante.

6. Chacun se déclare le centre de son propre monde. Il doit faire tout son possible pour atteindre son objectif, se plaire, jouir de la vie, éviter, éliminer tout obstacle ou toutes sources d'obstacles par tous les moyens disponibles pour ne pas être frustré. Il veut inventer la liberté d'agir à sa guise sans payer les conséquences de ses mauvais choix.

7. C'est l'ère de la déception, la désillusion, la dépression et la méfiance.

8. les valeurs, la vérité, le code de conduite, la Bible ne sont plus de mise. On naît, on vit, on meurt et c'est la fin de tout.

Un choix intelligent

Quel est donc le résultat ? Chaque être vivant se livre à une course effrénée pour s'accaparer du maximum aux dépens des autres. Nous aussi, les chrétiens, sommes pris dans ce raz-de-marée, le piège du malin, car nous aimons Mammon. Nous sommes des lorgneurs qui végètent dans une vie d'insatisfaction et de désobéissance chroniques. Pour nous calmer la conscience nous disons « Dieu voit tout. Il est bon en tout temps ». Mes amis, faisons attention. À travers toute la Bible nous sommes convaincus de deux faits.

a.) Ceux qui ont choisi d'obéir aux exigences célestes, Dieu les a toujours délivrés même à travers les pires adversités. En effet, les épreuves constituent le passeport pour aboutir à l'ultime victoire. Noé, Job, Abraham, Joseph, Moise, Josué, Daniel, les apôtres, et les martyrs nous le prouvent. Dieu récompense tous ceux qui lui demeurent fidèles.

b.) Ceux qui lui ont désobéi ont eu à subir leur sort selon leur choix. Caïn, Lot, Korè, Dothan et Abiram, la désobéissance de Moïse face aux eaux de Mériba, Balaam, Saül, Achab Ananias et Saphira, et Uzza …

En GALATES 6 : 7 « Ne vous y trompez pas : on ne se moque pas de Dieu. Ce qu'un homme aura semé, il le moissonnera aussi. ».

Bien-aimés, si nous sommes intelligents, tachons d'obtempérer à la voix divine. Cessons les dilatoires, les vaines discussions, les raisonnements faux et insensés.

Cela fait beaucoup de peine de voir l'aveuglement et l'entêtement humains. Ce qui est plus ahurissant, et triste, même les soi-disant chrétiens sont devenus insensibles à la parole du Seigneur. Dans la plupart des cas, les gens à l'église se révèlent plus infidèles, plus effrontés que ceux qui sont classés et reconnus profanes.

Chacun s'occupe de ses propres affaires au nom de Dieu et voit tous les autres à travers cette même lentille du scepticisme.

Pour l'amour du ciel, je viens vous dire de cesser de vous tromper. Cessons de nous bercer d'illusions. Réveillons-nous. Mieux encore, crions à Dieu pour qu'il chasse Satan de l'église. Pour qu'il brise nos chaînes : la chaîne de la division, la chaîne de l'envie, la chaîne de la critique permanente ou virulente saupoudrée de jalousie, la chaîne de l'intrigue, la chaîne de l'hypocrisie, la chaîne de la foi vénale, la chaîne de la mégalomanie, la chaîne de la trahison, et du matérialisme.

Relisons LUC 16 : 13 : « Nul serviteur ne peut servir deux maîtres. Car ou il haïra l'un et aimera l'autre ; ou il s'attachera à l'un et méprisera l'autre. Vous ne pouvez servir Dieu et Mammon. ».

Ce texte décrit notre attitude face à la vie terrestre, notre compréhension de l'existence humaine, et de l'enjeu au quotidien.

Les conséquences de notre choix

Comme d'habitude, Jésus est catégorique. À chaque instant nous avons à choisir entre nous attacher à :

1. Dieu pour un trésor éternel.

2. Mammon pour un trésor temporel.

Que ce soit par nos pensées, nos paroles, nos actions ou par nos omissions, notre destinée éternelle tourne autour de nos choix. Elle est axée sur nos décisions. Il n'y a pas à sortir de là. Notre impulsion naturelle va nous forcer ou bien à suivre Dieu ou bien à suivre Mammon.

Suivre Dieu c'est semer pour l'esprit en vue de moissonner la vie éternelle. Servir Mammon, c'est semer pour la chair et moissonner de la chair, la corruption, la destruction éternelle. Le côté le plus pathétique, bien souvent nous choisissons Mammon alors que nous sommes convaincus d'avoir opté pour Dieu. Cela équivaut à une perte de temps, un gaspillage de nos énergies.

L'apôtre Jacques ouvre le quatrième chapitre de son livre par les questions de ce genre : D'où viennent les luttes, et d'où viennent les querelles, les animosités, les jalousies, les envies, les ambitions, les intrigues, les attaques féroces, meurtres, etc. ? Tout est basé sur le désir insatiable de l'homme d'avoir toujours plus, et surtout plus que les autres qui le côtoient, afin de se juger supérieur aux autres. Il n'y a rien de mauvais à avoir de l'argent quand on l'obtient selon les conditions normales en vue d'accomplir de bonnes œuvres ou pour voler au secours des autres. L'argent devient une source de malédiction quand on est disposé à l'avoir à tout prix, voire damner son âme.

Le Chrétien et l'argent

Entendons-nous, qu'est-ce qui mène le monde ? C'est Mammon, l'argent. Dans 1 TIMOTHÉE 6 : 10 L'amour de l'argent est la racine de tous les maux. Cette vie regorge de maux, Paul ose déclarer que si nous analysons les faits, l'amour de l'argent est à la base de bien des maux. Soyons francs, l'argent peut accomplir des choses extraordinaires pour chacun de nous. La majorité de nos soucis, de nos besoins sont légitimes, et même indispensables à notre survie. Pouvons-nous nous imaginer la somme de bien que l'argent peut faire pour une communauté dans la quelle chacun de nous évolue ? Tous nous voulons maisons, voitures, conforts, vêtements, loisirs etc., tout cela s'obtient avec de l'argent. Nous sommes arrivés à un tournant où nous ne pouvons même pas adorer si nous n'avons pas d'argent. Pourtant Dieu nous présente une autre approche. Dans MATHIEU 6 : 33 « Cherchez premièrement le royaume et la Justice de Dieu ; et toutes ces choses vous seront données par-dessus. ».

Dieu veut que nous sachions qu'il demeure le pourvoyeur de tout. Puisque la vie est synonyme de choix, nous choisissons constamment entre Dieu et Mammon.

Quelques conseils pour nous aider à faire le bon choix.

Si nous voulons de tout cœur servir Le Maître, certains points méritent d'être révisés :

1. Identifier notre attitude (notre état d'âme sans partialité), réaliser notre incapacité de plaire à notre Créateur. Solliciter sa faveur.

2. Identifier l'ordre prioritaire de notre existence, accepter le seul moyen de salut : Jésus-Christ, et implorer sa pitié.

3. Établir ou rétablir les relations avec Dieu, se nourrir de sa parole, lui obéir aveuglement, avoir une confiance absolue dans sa façon de gérer nos vies.

4. Croître en sagesse et en connaissance divines.

5. Réclamer constamment le Saint-Esprit pour identifier tous les atouts de l'ennemi et discerner la vérité de l'erreur.

6. Prêter une attention bienfaisante à ceux qui nous entourent et les aider à persévérer dans la foi.

1 Jean 5 : 19 déclare que le monde entier est sous la puissance du malin. Le Maître déclare en faveur de ses disciples en Jean 17 : 9 : « Je ne te prie pas pour le monde mais pour ceux que tu m'as donnés. » En d'autres termes, le cas de cette planète en général est déjà décidé. Au verset 15 : « Je ne te prie pas de les ôter du monde mais de les préserver du mal. ».

1 Jean 2 : 15 : « N'aimez point le monde ni les choses qui sont dans le monde. Si quelqu'un aime le monde

l'amour du père n'est point en lui. » Jacques 4 : 4 :
« l'amour du monde est inimitié contre Dieu. ».

La bataille continue avec Mammon

La difficulté réside dans le fait que Satan est assez habile pour nous empêcher d'avoir une expérience
personnelle avec Dieu, une relation solide avec notre
père. Il nous tient toujours très occupé à courir après le
temporel, et nous négligeons ce qui est éternel. Il nous
porte à croire que Dieu a changé. Il nous présente mille
et une contrefaçons pour nous distraire et nous porter à
avoir l'illusion de servir le Très-Haut.

Alors nous nous blottissons dans ses bras sans nous
inquiéter de rien, ou du moins regardant les autres
avec dédain parce qu'ils ne sont pas à notre niveau de
‹ sanctification ›.

Au verset 9 de l'épitre de Jude est relaté le fait
que l'archange Michel contestait avec le diable et lui
disputait le corps de Moise. Moise, un homme qui
était constamment en contact avec Dieu, auquel Dieu
s'adressait régulièrement, Satan a eu le toupet de vouloir le réclamer. Pourquoi ? Parce qu'il était celui qui
portait Moise à se mettre en colère. Mais il ne savait
pas que Moise s'était déjà entendu avec son Dieu avant
sa mort. Si Satan avait l'audace de réclamer le corps de
Moise, qu'en sera-t-il du nôtre. A moins que nous nous
réconciliions avec le Très-Haut, l'ennemi de nos âmes se
déclare et se déclarera maître de chacun de nous.

Tout compte fait, nous sommes engagés dans une
guerre sans merci et l'enjeu est la vie éternelle. Nous
choisissons constamment entre Dieu et Satan, entre
Dieu et Mammon.

Dans ACTES des APÔTRES 3 : 6 : Pierre dit au mendiant boiteux : « Je n'ai ni argent, ni or ; mais ce que j'ai, je te le donne : au nom de Jésus-Christ de Nazareth, lève-toi et marche » : Il est clair que Dieu se sert d'un autre étalon. Et si nous sommes intelligents, avec lui nous avons tout à gagner et dans ce monde et dans celui qui doit venir. Bien-aimés, la vie chrétienne réclame une facture binaire : la foi et l'action.

Rappelons-nous que l'ennemi trouve toujours un moyen de se servir de tout ce qui peut faire du bien, pour l'employer au détriment de la cause divine.

Quand la cupidité règne au sein de l'Eglise de Dieu

Nous arrivons à un tournant dans la vie chrétienne où même au sein de l'assemblée des saints, nous voyons comment l'amour de l'argent corrompt tout. Hélas ! Les gens sont devenus irréductibles. Souvent, ils ont un agenda caché. Au lieu d'être remplis de l'Esprit Saint, ils l'ont substitué par l'esprit de gain, au lieu de la foi vitale c'est la foi vénale. Beaucoup font des projets pas pour donner, ou aider mais pour subtiliser quelque chose de l'église ou des membres de l'assemblée. Autrefois, tous mettaient leurs talents, leurs dons, leur avoir et leur personne au service du Seigneur parce qu'ils croyaient que le Très-Haut pouvait bénir jusqu'à mille générations tous ceux qui l'honorent. Les gens s'empressaient pour servir la cause. De nos jours, on n'attend plus les bénédictions du ciel, elles tardent trop. Les budgets personnels se font parfois aux dépends de l'église. Bien-aimés, je vous rappelle que Dieu n'a pas changé. En LUC 12 : 15 Jésus déclare : « gardez-vous avec soin de toute avarice ; car la vie d'un homme ne dépend pas de ses biens, fût-il dans l'abondance. » Etes-vous intelligents ? Si vous êtes vraiment des croyants, vous auriez dû tout soumettre à la volonté du Seigneur. Si nous lisons et comprenons les saintes écritures, y compris 1 Rois 17, Luc : 22, le chapitre 6 de Mathieu et bien d'autres passages bibliques, personne n'aurait besoin de nous inviter à la fidélité, à collaborer ou à travailler dans la vigne.

À l'église de Dieu, il n'aurait pas du avoir d'indigents, de pauvres qui flattent les riches, ou de riches qui méprisent les pauvres. Nous avons tous des talents et à différents niveaux, mais au pied de la croix « le sol est nivelé » : le docteur, le pasteur, l'avocat, l'infirmière, l'intellectuel, tout comme le primaire auraient dû tous avoir un moyen de vivre sans avoir peur d'être avili et sans être parasites ou paresseux.

À l'église de Dieu chaque membre aurait du occuper une ou des positions suivant les besoins de l'œuvre, les talents et les dons reçus. Que voyons-nous ? Souvent, c'est le même petit groupe qui mène la marche. Le reste a de très bonnes raisons valables pour ne rien faire. Bien-aimés, réfléchissons ! L'église est remplie de faux frères, l'ivraie et le bon grain croissent ensemble. Parfois on se demande si le taux d'ivraie n'a pas englouti celui du bon grain. Le pire, nous ne savons même pas qui est l'ivraie qui est le bon grain. Que chacun se pose la question : suis-je l'ivraie ou le bon grain ? C'est décevant de voir que même parmi les gens de la maison du Père, certains ne se gênent pas à vouloir tout faire pour de l'argent. Ephésiens 5 : 3 : « que l'impudicité, qu'aucune espèce d'impureté, et que la cupidité ne soient pas même nommées parmi vous. » Colossiens 3 : 5, 6 : « Faites donc mourir les membres qui sont sur la terre, l'impudicité, l'impureté, les passions, les mauvais désirs, et la cupidité, qui est une idolâtrie. C'est à cause de ces choses que la colère de Dieu vient sur les fils de la rébellion, ... ».

En d'autres termes, chers amis, on ne devrait même pas soupçonner, ou mentionner le mot cupidité parmi les chrétiens. La cupidité, c'est la hantise d'avoir plus que ce qu'on a. Elle provoque une lutte intérieure, elle allume un feu qui dévore l'être, elle cause un conflit constant. Le cupide ne se définit qu'en vertu de ce qu'il possède. Il est obsédé ! La vraie richesse consiste à avoir une relation juste et paisible avec Dieu qui se reflète dans nos relations avec notre prochain. Parmi les croyants, on ne devait pas trouver de gens avares, qui adorent l'argent. La cupidité est au même plan que l'impudicité (vice contraire à la chasteté), la fornication, l'adultère. La cupidité est de l'idolâtrie. Or, selon APOCALYPSE 21 : 8 la part des idolâtres sera dans l'étang ardent de feu et de souffre.

Optons pour un choix intelligent

Bien-aimés, quel choix avons-nous fait jusqu'à présent ? Quel choix allons-nous faire ?

Choisir Dieu signifie avoir assez de foi pour tout lui remettre dans tous les domaines et l'autoriser à tout gérer comme il le trouve bon. Choisir Mammon, c'est prendre sa vie en main et la gérer soi même. Qu'on n'oublie pas la parabole du riche insensé trouvée en LUC 12 à partir du verset 16. Il pensait avoir tout fait pour un avenir rutilant de bonheur, sans aucun souci. Mais il avait négligé l'essentiel : la durée de son souffle ne dépendait pas de lui. Choisir Dieu équivaut à déclarer une guerre permanente contre les affaires de ce siècle qui nous tentent constamment. Nous sommes bombardés de toute part par l'ennemi. Il est matois. Il peut aisément nous fourvoyer. Il faut être attentif.

Remarquons tout de suite que celui qui sert Mammon n'arrive jamais à combler tous ses besoins. Car l'argent et Satan ne peuvent point satisfaire certaines émotions, certains sentiments, certains états d'âme. Ils sont incapables de préserver la vie humaine. Si tel était le cas, tous les riches seraient totalement heureux et vivraient éternellement. L'argent ne procure pas le sommeil, il ne garantit pas la santé, et il n'élimine pas l'insécurité et l'anxiété. Au contraire, le riche doit être toujours sur ses gardes. Ce que l'argent procure peut être emporté en un instant. Tout ce qu'il donne est temporel : une belle maison peut être brulée ou perdue dans les imbroglios légaux, une belle voiture peut être volée, frappée, carbonisée, une réputation peut être ruinée, le pouvoir peut être enlevé d'un jour à l'autre. Tout ici-bas n'est que vanité. Ce qui fait pitié, le chef de Mammon est très rusé. Il vous donne l'illusion que vous n'êtes pas avec lui. Il est là tranquillement, mais il agit dans l'ombre, derrière le rideau de la scène aventureuse de la vie. Il ne se soucie pas tellement du zèle manifesté publiquement pour Dieu. Car il sait que Dieu n'accepte pas un cœur partagé. Il réclame le tout. Et c'est là que l'ennemi nous attend souvent. Nous pouvons avoir la conscience claire, calme et même pure. Pourtant nous sommes loin de Dieu.

« Il y-a beaucoup d'appelés mais peu d'élus », Matthieu 22 : 14. En d'autres termes, une foule imposante répond à l'appel, mais très peu arrivent à être élus. D'après 2 Timothée 2 : 4, **On ne s'embarrasse pas avec les choses de ce monde si on veut être parmi les élus.**

L'exemple de la femme de lot- trouvé dans Genèse 19-
en est un prototype

Prédestination vs choix personnel

Qui fait les choix concernant les élus pour le
Royaume éternel ? L'Eternel des armées, bien sur !
Comment sélectionne-t-il ses élus ? Sur quel critère le
fait-il ? Il n'applique pas sa formule de prédestination
au gré de son caprice. Il faut reconnaitre que Dieu est
omniscient. Dans sa prescience, il voit le dénouement
de la vie de chaque être humain en particulier. Il sait à
l'avance ceux qui persévèrent jusqu'au bout pour la vie
éternelle sans se chercher des échappatoires. Quand il
conçut le plan de la Rédemption dès avant la fondation du monde, cela ne signifiait pas qu'il avait rejeté le
premier Adam. Mais il savait qu'Adam, en utilisant sa
liberté de choisir, allait opter pour la désobéissance. Et
dans son amour, il fit ample provision pour le restaurer.
JEAN 3 : 16 indique clairement que le Christ est mort
pour sauver quiconque croit en lui. Il n'est pas venu
pour sauver seulement ceux qui ont été arbitrairement
prédestinés à être sauvés. Jésus pleura sur Jérusalem pas
par hypocrisie, mais il voulait vraiment sauver les habitants de cette ville, la nation juive. Mais le peuple l'avait
rejeté et opté pour le statu quo, suivre le système et
tous les officiels de l'établissement à l'époque. Revenons
sur le parallèle entre le jeune homme riche, et Saul de
Tarse sur le chemin de Damas. MARC 10 : 17 à 27, nous
décrivent le fait qu'un jeune homme riche voulait avoir
la vie éternelle. Jésus lui même l'ayant regardé l'aima,
voulait le sauver. Mais le jeune homme avait de grands
biens, il optait pour ceux ci en lieu et place de ce que
Jésus lui proposait. Ceci illustre le principe de base :
Dieu peut mettre tout en branle pour nous sauver, il

ne violera jamais notre volonté. Reconsidérons le cas de Saul de Tarse que nous trouvons décrit dans le livre des ACTES des Apôtres au chapitre 9. Paul était disposé à persécuter les chrétiens jusqu'à éliminer la nouvelle doctrine (Chrétienne). En route pour accomplir ses desseins, il reçut l'appel du ciel. Sa réponse fût claire et simple : « Seigneur, que veux-tu que je fasse. » Aussitôt, il fit demi-tour et s'engagea corps et âme à servir Jésus-Christ. Il abandonna tout : renommée, rang social, position, promotion et brillant avenir dans le système où il évoluait. Il accepta Christ pour ne recevoir humainement que mépris, persécution, dérision et même la mort. Il aurait pu dire : NON ! Entre le jeune homme riche et Saul de Tarse, il n'existe qu'une différence : celui-ci se rendit et soumit sa volonté à la souveraineté divine, celui la résista.

Malheureusement certains théologiens veulent nous faire croire que Jésus-Christ était venu sauver seulement ceux qu'il avait prédestinés au salut. Ils conseillent aux gens de prier, de gémir pour voir si Dieu peut avoir pitié d'eux, comme si à force de prier le Très Haut finirait par fléchir et révoquer sa décision initiale. Quelle naïveté ! Dieu n'est pas un démagogue. Cette interprétation semble démentir l'esprit de toute l'écriture. En d'autres termes, une grande foule répond à l'appel, mais très peu en fait sont choisis pour la vie éternelle. Est-ce à dire que Dieu est discriminatoire en choisissant certains et en rejetant d'autres ? Nous lisons les textes suivants : ACTES 10 : 34 « Dieu ne fait point acception de personnes ».

ROMAINS 2 : 11 « Devant Dieu il n'y a point d'acception de personnes. », HÉBREUX 2 : 9 « Mais celui qui a été abaissé pour un peu de temps au-dessous des anges, Jésus, nous le voyons couronné de gloire et d'honneur à cause de la mort qu'il a soufferte, afin que, par la grâce de Dieu, il souffrît la mort pour tous. » , et 1 PIERRE 1 : 17 « Et si vous invoquez comme Père celui qui juge selon l'œuvre de chacun, sans acception de personnes, conduisez-vous avec crainte pendant le temps de votre pèlerinage.» On peut aussi consulter LUC 21 : 21, 2 CHRONIQUES 19 : 07, GALATES 2 : 6, CORINTHIENS 3 : 25, et EPHÉSIENS 6 : 9. ils nous autorisent à dire : NON ! Christ est mort pour tous. Chacun d'entre nous est devenu pécheur en Adam, nous avons tous reçu la grâce en Jésus. ROMAINS 5 : 12 : « Ainsi donc, comme par une seule offense la condamnation a atteint tous les hommes, de même par un seul acte de justice la justification qui donne la vie s'étend a tous les hommes. » Ainsi, le salut est disponible et accessible à tous. Mais chacun de nous a le libre choix de l'accepter ou de le rejeter. L'idée que Dieu choisit certaines personnes puis laisse le reste pour l'étang de feu et de souffre pour être brûlé éternellement n'est pas biblique. Elle ne reflète point le caractère juste et miséricordieux de Jéhovah. En fait, Jésus affirme clairement dans MATTHIEU 25 : 41 que le feu éternel est préparé pour le diable et ses anges. Comment comprendre qu'un Dieu Juste puisse décider d 'envoyer des êtres finis- qui n'ont vécu qu'un nombre limité d'années- dans le feu pour être brulé et tourmenté éternellement ? Entendons-nous ! Dans l'oraison dominicale, Jésus exprime le vœu que sa « volonté soit faite sur la terre comme au ciel ». Alors comment cela se ferait-il si certaines créatures brulaient pour l'éternité. Elles seraient encore plus irritées contre Dieu au lieu de faire ‹ sa volonté ›. Certainement ces derniers passeraient leur éternité à maudire Dieu qui leur infligerait ces tourments éternels. Selon la Bible, les méchants seront jugés, puis détruits, point final ! Malheureusement, beaucoup de gens ne profitent pas de l'offre divine. Dieu nous aime tous mais il nous donne la liberté de faire notre propre choix. Plusieurs semblent se méprendre sur la capacité de Dieu de sélectionner aussi des individus, ou même certaines personnes ou certain peuple pour une mission spécifique. Lorsque Dieu choisit Abraham, Moïse, Jacob, et les Israélites, par exemple, Il le fit dans le cadre de sa puissance et ses attributs à la fois juste et miséricordieux. Il connaît le caractère, les compétences, les talents, les dons de chacun. Il peut décider de choisir qui il veut en vue d'accomplir certaines tâches spécifiques. Cela ne signifie pas qu'il rejette les autres quand il s'agit de leur salut personnel. Il a choisi Jacob pour être le père de tous les Israélites, et rejeté Esaü pour un tel objectif spécifique. Cela ne signifie pas que le salut individuel d'Esaü était en jeu pour autant, à moins qu'il eût opté pour le contraire. Il se rendit auprès de Caïn pour l'exhorter à se repentir. Malheureusement Caïn fit à sa tête. Quand il choisit les Israélites, il voulut faire d'eux un modèle pour attirer les autres nations à lui. Mais ce peuple avait mal compris le message et pensait que c'était un droit exclusif. Le peuple échoua lamentablement. 1 Timothée 2 : 4 dit clairement que Dieu veut que tous les hommes soient sauvés et parviennent à la connaissance de la vérité. Tite 2 : 11 déclare : « Car la grâce de Dieu, source de salut pour tous les hommes. » Dieu n'est pas un père fouettard, un vieillard grincheux qui cherche constamment où il peut trouver quelqu'un pour le punir. Il nous donne toutes les opportunités pour être sauvés. Ceux qui répondent et trouvent la miséricorde du Seigneur ne sont pas obsédés par les choses passagères. Certes, L'Éternel des armées choisit et accepte les sauvés. Mais comment choisit-il ses élus ? Sur quelle base le fait-il ? Il n'applique pas une formule arbitraire de la prédestination. Non !

En accord avec l'esprit de la Bible, Dieu a toujours voulu restaurer tous les hommes. En fin de compte, selon APOCALYPSE 7, en commençant par le verset 3, parmi les sauvés par le sang du Seigneur, on compte les représentants des 12 tribus d'Israël, les 12 apôtres, et en plus une grande foule, que personne ne pouvait compter, de toutes nations, de toutes tribus, de tous peuples et de toutes langues. La qualification de ces personnes se résume en deux étapes:

1. Elles ont eu conscience de leur nature pécheresse.

2. Elles ont accepté le sacrifice de Jésus pleinement.

Celles qui ont enregistré des résultats fâcheux ont choisi délibérément de faire autrement. EZÉCHIEL 33 : 11 dit clairement que ce que Dieu veut ce n'est pas la mort du méchant, mais plutôt qu'il change de conduite et qu'il vive. Dieu n'est pas un bluffeur. S'il fait une déclaration, il sait l'appliquer. Deux larrons étaient crucifiés avec Jésus-Christ. L'un l'accepta, le salut lui fût promis. L'autre le rejeta, il n'eut point la promesse de la vie éternelle. Les parents conséquents peuvent à peu de choses près, avoir une idée du devenir de leurs enfants en tenant compte de leurs tendances, leurs caractères, et leurs attitudes. Ces parents peuvent faire de leur mieux, mais souvent ces enfants là cèdent à leurs propres faiblesses. En outre, il convient de mentionner l'impact des expériences négatives rencontrées dans l'église, surtout pour les jeunes quand ils deviennent victimes de certaines mauvaises expériences, certains abus ou sont témoins d'actes répréhensibles causés par les dirigeants, les adultes. Cela peut torpiller leur foi à jamais. C'est pourquoi les ainés doivent être très prudents.

Si le salut est offert à tous, beaucoup ne l'acceptent pas. S'ils nient l'existence de Dieu, leur cas est décidé. Et même dans ce groupe là, si jamais avant leur mort, ne serait-ce à la dernière minute, certains d'entre eux se repentent, confessent leurs péchés et acceptent le Christ comme leur Sauveur personnel, ils peuvent être sauvés.

La route qui mène à la vie éternelle

Plusieurs veulent avoir la vie éternelle. Tous aimeraient une vie de félicité pour l'éternité. Mais combien y croient vraiment et sont disposés à accepter le sacrifice de la croix, le seul qui puisse sauver ? Combien comprennent le sens d'accepter Christ ? A cet effet, nous pouvons signaler **3 catégories de gens**.

a.) **Les mécréants** : ils ne veulent même pas entendre parler de ce concept spirituel. Ils seraient malheureux en compagnie de Dieu. Cela ne les intéresse pas, point barre.

b.) **Les théoriciens** : ce sont les grands et les beaux parleurs qui ne ratent aucune occasion pour brandir leurs cartes de croyants et épater tous ceux qui les écoutent, mais là s'arrêtent toutes leurs démarches. Ils arrivent à tromper beaucoup de gens. Ils se trompent eux mêmes. Ils se disent que le Bon Dieu les sauvera quand même alors qu'ils continuent leur train de vie irrégénérée. Mais Dieu n'est pas impressionné par leur fausse piété.

c.) **Les vrais pratiquants :** ce sont ceux qui, après avoir accepté le salut offert par Christ gratuitement, décident de se soumettre entièrement à sa volonté, comme Christ l'avait fait quand il était sur la terre. Malheureusement, ce groupe est en minorité.

Dieu fait son élection à partir de ce qu'il sait, ce qu'il voit. Rappelons-nous ceci : « l'homme regarde à ce qui frappe les yeux, mais l'Eternel regarde au cœur. » (1 Samuel 16 : 7). En ce moment même, pendant cette lecture, Dieu scrute les cœurs, les intentions les plus intimes. Tout est à nu devant lui. Sommes-nous sincères, fidèles, dévoués pour être parmi les élus ou faisons nous partie de la majorité des gens qui sont appelés mais qui seront déçus pour ne l'avoir pas pris au sérieux ? Sommes-nous disposés à tout abandonner pour le servir ? Souvenons-nous de Mathieu 7 aux versets 21 à 23, Jésus lui-même déclare : « Ceux qui me disent Seigneur, Seigneur ! n'entreront pas tous dans le royaume des cieux, mais celui-là seul qui fait la volonté de mon Père qui est dans les cieux. Plusieurs me diront en ce jour-la : Seigneur, Seigneur, n'avons-nous pas prophétisé par ton nom ? N'avons-nous pas chassé des démons par ton nom ? Et n'avons-nous pas fait beaucoup de miracles par ton nom ? Alors je leur dirai ouvertement : je ne vous ai jamais connus, retirez-vous de moi, vous qui commettez l'iniquité. ».

Quelle déception ! Sommes-nous entrain de nous tromper ? On répète souvent que « l'enfer est pavé de bonnes intentions ». En d'autres termes, beaucoup se trouveront parmi ceux qui « se mettront à dire aux **montagnes : Tombez sur nous ! Et aux collines : Couvrez-nous !** » quelle horreur ! Quel regret ! Quel affront ! Quelle déception ! A Dieu ne plaise !

Notre préparation pour le ciel.

Avez-vous jamais eu le privilège de visiter une base militaire où des centaines de jeunes braves sont entrainés afin d'aller affronter les ennemis de la nation ? C'est une expérience à faire. Elle vous remplit de fierté. Des jeunes qui choisissent délibérément, sans contrainte, de risquer leurs vies afin de sauvegarder la souveraineté nationale. Plus les victoires sont éclatantes, plus dures étaient les séances d'entraînement. Que de sacrifices consentis : abandonner parents, foyers, amis ; se réveiller tôt chaque matin et se coucher tard le soir, porter l'uniforme, manger seulement ce qui est au menu, passer des heures à toutes sortes d'entraînements chaque jour, subjuguer sa volonté à celle d'un chef de commande, sans oublier la possibilité de mourir sur le champ de bataille. Ils ont renoncé à tout pour servir leur pays. Nous nous découvrons tous devant un tel patriotisme. Qu'en est-il de l'armée chrétienne ? Y-a-t-il au moins quelques vrais soldats pour lutter contre l'adversaire commun ?

Le disciple de Gamaliel déclare en Romains 8 : 35-39 « Qui nous séparera de l'amour de Christ ? Sera-ce la tribulation, ou l'angoisse, ou la persécution, ou la faim, ou la nudité, ou le péril, ou l'épée ? J'ai l'assurance que ni la mort ni la vie, ni les anges ni les dominations, ni les choses présentes ni les choses à venir, ni les puissances, ni la hauteur ni la profondeur, ni aucune autre créature ne pourra nous séparer de l'amour de Dieu manifesté en Jésus-Christ notre Seigneur. ».

Plaise au ciel qu'après avoir lu ce livre, vous fassiez le bon choix en partance pour la récompense éternelle !

Epilogue

Quand on considère l'abondance de documentation sur la religion en général et la Bible en particulier, décider d'écrire sur un tel sujet est un pari risqué. Le cas devient de plus en plus difficile si on ose parler de la VÉRITÉ. D'aucuns croient que la Vérité absolue transcende le domaine humain et préfèrent accepter une vérité qui dépend de celui ou celle qui la définit et de ceux qui l'entendent. On tend à voir la vérité selon ses propres convictions. Dans le domaine religieux, elle est souvent devenue synonyme de popularité, d'opulence, d'éloquence, et selon les techniques apprises pour jouer sur les émotions et haranguer la foule. C'est dans cet environnement, en plein XXIème siècle que je vous ai préparé ces pages que vous venez de lire. Permettez que je vous félicite d'être allé au bout de votre lecture. Je souhaite que vous deveniez un avide lecteur des Saintes Ecritures et que vous fassiez des choix éclairés pour votre destinée éternelle.

Je termine avec ce verset de Sain JEAN : 3 JEAN 4 « Je n'ai pas de plus grande joie que d'apprendre que mes enfants marchent dans la vérité ».

Alors ami lecteur, quelle est votre position face à l'éternité ? Une fois de plus, l'occasion vous est offerte de vous interroger sur ce qui se passe après la mort. Si tout va bien, tant mieux. Sinon, je vous invite instamment à vous adresser au Très Haut afin qu'il vous guide. J'ai l'assurance que vous allez faire le bon choix. Et si comme moi vous rêvez d'un monde meilleur sous la direction de

Jéhovah, ouvrez-lui votre cœur car il est prêt à y entrer et à vous accorder le salut.

Pour de plus amples informations, contactez nous : jfranc6704@gmail.com ou votre congrégation locale.

Biographie De L'auteur

Esquisse biographique de l'auteur

Après avoir bouclé ses études primaires et secondaires, Jean Daniel François, a fait des études en Administration, Economie, Finances et Théologie. Il est détenteur d'une licence en administration (Bachelor of Science), d'une licence en Théologie (Bachelor of Théologie), et d'une maîtrise en Economie (Master of Arts). Il a également étudié la médecine à New York Médical Collège, à Valhalla, NEW YORK où il a obtenu son doctorat en Médecine. Il poursuit sa carrière de Neurologue à New York où il réside avec sa femme, Jocelyne et leurs deux enfants Jean Daniel et Sarah Jocelyne. Le Docteur François écrit *Sola Scriptura* à partir de son expérience personnelle, ses multiples recherches et lectures sur la Bible, et son souci majeur d'aider toutes les âmes sincères à faire un choix éclairé basé sur la connaissance, la douce influence de l'esprit de Dieu et non sur les émotions ou les pressions. .

Opinion d'un Lecteur

Dans un message pénétrant adressé à nous qui vivons la fin de l'histoire humaine dans l'attente de fouler le parvis céleste, l'auteur de « Sola Scriptura » présente l'Évangile de Jésus Christ. Un document qui révèle le cœur de Dieu, notre Père, l'immensité de son amour, sa miséricorde et sa sainte impatience à pardonner. Il évoque la compassion du Dieu tout-puissant, sa grâce salvatrice et généreuse et sa volonté de sauver l'homme de la damnation éternelle. La richesse de l'amour rédempteur, le sérieux de l'appel auquel on doit répondre, la responsabilité de chacun devant les décisions à prendre et à la préparation individuelle à rencontrer Jésus invitent tout un chacun à la réflexion. Malgré les compassions de Dieu et son amour pour l'humanité, beaucoup de gens choisissent de faire fi de l'appel et de rejeter délibérément le salut. Ce livre de Jean-Daniel François, est le fruit d'une besogne considérable qui prend le contre-pied des fausses doctrines très nombreuses et très populaires dans la plupart de nos églises chrétiennes et dans certains programmes radio-télédiffusés du vingt-et-unième siècle. Ces herbes folles qui envahissent les milieux chrétiens s'éloignent davantage de ce qu'enseigne l'Évangile et de ce que proclame l'Église — la pierre angulaire de « Sola Scriptura » … un ouvrage dont je recommande la lecture.

Enfin, l'amour qui sauve transpire d'une manière éclatante dans la prédication de l'Évangile du salut des autres, la quintessence même des enseignements de Jésus. Une œuvre qui veut que le retour du Christ soit encore présent aujourd'hui dans notre esprit, selon les paroles du Maître. Qu'elle reste un élément d'actualité !

Je viens bientôt. Retiens ferme ce que tu as, afin que personne ne prenne ta couronne. Apo.3.11.

~ ERNST SAINT-LOUIS, INGÉNIEUR, ÉTUDIANT EN THÉOLOGIE, LAÏC CONVAINCU DE LA DOCTRINE BIBLIQUE ET CHERCHEUR PASSIONNÉ

Opinion d'un Lecteur

.

Bibliographie Sélective

Si je devais me souvenir ou tenir compte de tous les livres lus, les documents consultés, les avis reçus en écrivant ce livre, je suis sûr que je devrais faire un autre livre de référence. Et même après cela, je pourrais omettre quelques noms. Alors je me suis résigné à écrire les noms suivants. Quant aux autres, je fais appel à leur indulgence ! Ma principale source est la Bible.

Baron, Will — *Deceived by the New Age*, Pacific Press Publishing Association, Miami, FL 33172

Chadwick, Henry — *The Early Church*, Penguin Books, New York, NY.

Dr. Dobson, James — *TWhen God Doesn't Make Sense*, Tyndale House Publishers, Inc., Wheaton, IL.

Finley, Mark — *Satisfied*, Pacific Press Publishing Association, Nampa, ID

Graham, Billy — *Peace With God*, WORD, Incorporated, Waco, TX 76796

Hammer, Dean H. — *The God Gene : How Faith Hardwired Into Our Genes IS*, Doubleday Publishing, September 2004

Maxwell, Arthur S. — *Your Bible and You, (Votre Bible Et Vous)*, Pacific Press Publishing Association, Miami, Fl 33172

Sproul, Robert Charles — *The Crucial Questions Series*, Reformation Trust Publishing, Orlando, FL.

Bibliographie

Stanley, Charles F. — *Living The Extraordinary Life*, Thomas Nelson, Inc. Nashville, TN

Swindoll, Charles R. — *Living Above The Level of Mediocrity*, W. Publishing Group, U.S.A.

Weber, Max — *The Protestant Ethic and the Spirit of Capitalism*, Roxbury Publishing Company, Los Angeles, CA 2002

White, Ellen G. — *The Great Controversy*, Harvestime Boooks, Altamont, TN 37301

Table des Matières